Liane Paradies
Franz Wester
Johannes Greving

Leistungsmessung und -bewertung

Liane Paradies ist Gymnasiallehrerin für Mathematik und Geschichte. Sie arbeitet als Trainerin und Moderatorin in der Lehreraus- und fortbildung zum Schwerpunkt Unterrichtsentwicklung, ist an der Universität Oldenburg tätig und Autorin zahlreicher Veröffentlichungen zum Thema Unterrichtsmethoden.

Franz Wester leitet den Bereich „Unterrichtsentwicklung" am Landesinstitut für Schule in Bremen. Dort wird u. a. ein Rahmenmodell für die Optimierung des Lehrens und Lernens erarbeitet, in dem klare Leistungserwartungen und eine transparente Bewertung wichtige Säulen sind. Seine Erfahrungen im Bereich der Schul- und Unterrichtsentwicklung sind in verschiedenen Veröffentlichungen dokumentiert.

Johannes Greving ist Lehrer für Deutsch und Politik an einem Gymnasium, außerdem an der Universität Oldenburg tätig und Autor zahlreicher Fachbücher.

Liane Paradies
Franz Wester
Johannes Greving

Leistungsmessung und -bewertung

Die in diesem Werk angegebenen Internetadressen haben wir überprüft (Redaktionsschluss Juni 2005). Dennoch können wir nicht ganz ausschließen, dass unter einer solchen Adresse inzwischen ein ganz anderer Inhalt angeboten wird. Deshalb empfehlen wir Ihnen dringend, die Adressen vor der Nutzung im Unterricht selbst noch einmal zu überprüfen.

 http://www.cornelsen.de

Bibliografische Information: Die Deutsche Bibliothek verzeichnet diese Publikation in der Deutschen Nationalbibliografie; detaillierte bibliografische Daten sind im Internet über http://dnb.ddb.de abrufbar.

Dieses Werk berücksichtigt die Regeln der reformierten Rechtschreibung und Zeichensetzung.

| 5. | 4. | 3. | 2. | 1. | Die letzten Ziffern bezeichnen |
| 09 | 08 | 07 | 06 | 05 | Zahl und Jahr der Auflage. |

© 2005 Cornelsen Verlag Scriptor GmbH & Co. KG, Berlin

Redaktion: Marion Clausen, Göttingen
Herstellung: Brigitte Bredow, Berlin
Satz und Layout: Julia Walch, Bad Soden
Umschlaggestaltung: Bauer + Möring, Berlin, unter Verwendung einer Zeichnung von Klaus Puth, Mühlheim
Druck und Bindearbeiten: Clausen & Bosse, Leck
Printed in Germany
ISBN 3-589-22171-2
Bestellnummer 221712

 Gedruckt auf säurefreiem Papier,
umweltschonend hergestellt aus chlorfrei gebleichten Faserstoffen

Inhalt

Vorwort

In einer groß angelegten Hamburger Studie zur Leistungsbeurteilung findet sich die folgende Aussage: „Eine Erkenntnis setzte sich spätestens seit der Zeugnisreform der siebziger Jahre durch: Die Reform der Leistungsbeurteilung ist nur möglich in Verbindung mit einer Reform des Unterrichts."
(Lütgert u. a., S.7)
Wir sind der Ansicht, dass dieses Argument mindestens ebenso viel gesellschaftliche wie pädagogische Relevanz hat, wenn man es „gegen den Strich bürstet": Seit Ende der Siebzigerjahre haben sich Unterrichtsformen und -methoden stark verändert, sind offener Unterricht, projektorientierter Unterricht, Freiarbeit und handlungsorientierter Unterricht gängige und geläufige Formen des Unterrichtens geworden – und diese neuen, prozessorientierten Gestaltungsweisen von Unterricht erfordern zwingend auch neue und andere Formen der Leistungsmessung und -bewertung.
Wir Lehrer können nicht im gleichen Atemzug komplexere Lernarrangements mit größer werdendem Anteil an Selbststeuerung einsetzen, die sich deutlich von der Sozialform des Frontalunterrichts und der Methode des fragend-entwickelnden Unterrichtsgesprächs unterscheiden, und im Bereich der Leistungsbeurteilung so tun, als habe sich nichts Wesentliches geändert.

Leistungsüberprüfung muss – wenn sie zu den neuen Unterrichtsformen passen soll – prozessorientiert und schülerbezogen sein! Was das heißt und wie das erreicht werden kann, möchten wir in diesem Buch darlegen.

Außerdem bedanken wir uns bei Herrn Dietrich Albrecht, der uns eigene Arbeiten zum Thema zur Verfügung gestellt hat. Ihnen haben wir wertvolle Anregungen und Zitate entnommen.

Mai 2005
Liane Paradies, Franz Wester, Johannes Greving

1. Chancen und Grenzen der Leistungsbeurteilung

Das neue Zauberwort in der bildungspolitischen Diskussion der Bundesrepublik lautet „Kompetenz". Schüler sollen nicht mehr nur gelerntes Wissen wiedergeben, sondern nachweisen, dass sie über Lern- und Handlungskompetenzen verfügen. Die Förderung dieser Handlungskompetenzen gelingt aber nur in komplexen Lernumgebungen, die den Lernenden anregen und dazu in die Lage versetzen,

- sich möglichst selbstständig Wissen anzueignen,
- Probleme zu identifizieren und zu lösen,
- Methodenkompetenz zu entwickeln und gezielt einzusetzen,
- eigene Lern- und Übungsstrategien zu entwickeln,
- aktiv Lern- und (später) Arbeitsprozesse mitzugestalten,
- Herausforderungen in Kooperation mit anderen zu bewältigen,
- Freude am schulischen Lernen zu gewinnen,
- die Bereitschaft und die Fähigkeit zum lebenslangen Lernen zu entwickeln.

Anspruchsvolle Lehr-Lernarrangements wie Projektunterricht, Plan- und Rollenspiele, Zukunftswerkstätten, Exkursionen und Fallstudien, Szenarios etc. werden in zunehmendem Maße als geeignet angesehen, die oben skizzierten Ziele zu erreichen – aber mit ihnen müssen sich Prüfungssysteme und die darauf aufbauenden Leistungsbeurteilungen qualitativ entwickeln.

Eines ist allerdings völlig klar und wird auch von empirischen Studien eindeutig belegt: Alle mit Schule befassten Personen und Institutionen – also Lehrer, Schüler, Eltern, Behörden, Wirtschaftsverbände etc. – sind sich über die grundsätzliche Notwendigkeit im Klaren, Leistungen messen, bewerten, vergleichen, ausdifferenzieren und hierarchisieren zu müssen. Es geht in diesem Buch also keineswegs um eine „Schule ohne Noten", sondern um zeitgemäße, gerechtere und differenzierte Formen und Methoden der Leistungsbewertung.

Unter *„zeitgemäß"* verstehen wir, dass der Lernprozess und das Lerner-gebnis in der Bewertung aufeinander bezogen werden und dass methodi-sche und soziale Kompetenzen in ihrer Bedeutung für das Leistungsergeb-nis kenntlich gemacht werden.

Mit *„gerechter"* meinen wir, Fehler, die unabhängig von Unterrichtsent-wicklung in der Bewertungspraxis immer wieder auftauchen, zu minimie-ren (Halo-Effekt, Teilleistungen als Voraussetzung für Gesamtleistung) so-wie die Aufgabenkonstruktion zu optimieren. Uns ist klar, dass in der Leistungsbewertung die Grenzen der Gerechtigkeit schnell erreicht sind.

Differenzierte Formen der Leistungsbewertung verlangen eine Klarstel-lung der Ziele der Bewertung (Beschreibung der Entwicklung, Rangfolge in-nerhalb einer Gruppe), der Kriterien und eine Auswahl der entsprechen-den Darstellungsformen.

Es geht in erster Linie um die Optimierung der bestehenden Praxis und nicht um das Erfinden neuer Formen der Leistungsbewertung. Darum er-gibt es auch einen Sinn, auf ältere Konzepte zurückzugreifen, die auf einem lernpsychologischen Hintergrund entwickelt sind. Sie entsprechen den un-terrichtlichen Anforderungen mit Blick auf die Förderung der Schüler manchmal mehr als moderne testtheoretisch orientierte Verfahren.

Wie aber kann Leistung überhaupt begrifflich und praktisch gefasst wer-den? Helfen juristische, technische oder künstlerische Annäherungen an die Leistungsdimension(en) der Pädagogik weiter? Die einfachste Antwort auf das Problem der Leistungsdefinition haben die Naturwissenschaftler, speziell die Physiker: Leistung ist Kraft mal Weg durch Zeit. Wer bei nor-malen Erdschwerkraftverhältnissen ein Gewicht von 100 Kilo in einer Se-kunde einen Meter hoch hebt, leistet etwa ein Kilowatt.

So weit, so gut. Aber kann diese Leistungsdefinition pädagogisch über-haupt genutzt werden? Wir denken, grundsätzlich schon, denn sie enthält drei zentrale Aspekte. Leistung setzt sich zusammen aus:

Einer genau definierten Arbeit, also geistiger oder körperlicher Anstren-gung; Leistung ist *normorientiert und lässt sich messen.*

Einem zurückzulegenden Weg, d. h., das Gewicht befindet sich nach Er-bringen der Leistung an einem anderen „Ort" (geografisch, kognitiv, metho-disch, affektiv ...) als vorher; Leistung ist *prozess- und ergebnisorientiert.*

Einer Zeitvorgabe, d. h., Leistung kann nicht beliebig lange dauern, son-dern ist in einem Zeitrahmen zu erledigen. Die Zeit ist bei allen Tests (auch PISA, TIMMS, IGLU etc.) begrenzt; Leistung ist *selektionsorientiert.* Die Be-grenzung der Zeit führt zur Selektion bzw. verstärkt diese.

1.1 Beschreibung des Ist-Zustands

1.1.1 Zeugnisrealitäten und Beurteilungsmodalitäten an deutschen Schulen

Eine Unterrichtsstunde Ende Januar in einem Mathe-Grundkurs im 13. Jahrgang. Das Stundenthema lautet „Besprechung der Zeugnisnoten". Die Lehrerin kommt zu Maria, einer Schülerin, die im vorigen Jahr jeweils mit Ach und Krach in beiden Kurshalbjahren einen Punkt erreicht hat: „Also, Maria, Sie haben in den Klausuren jeweils 2 Punkte geschrieben und sich im Rahmen Ihrer Möglichkeiten mündlich bemüht, also sollen Sie diese 2 Punkte auch bekommen. Ich mache Ihnen aber einen Vorschlag: Ich gebe Ihnen einen Punkt, den zweiten heben wir für das zweite Halbjahr auf!" – Diese Geschichte ist nicht erfunden, sondern genau so passiert, und sie hat Maria womöglich davor bewahrt, den gesamten 13. Jahrgang zu wiederholen, denn ein mit 0 Punkten bewerteter Mathekurs hat im niedersächsischen Schulsystem genau diese unausweichliche Konsequenz. Der Dank gilt an dieser Stelle der unkonventionellen Lehrerin, die ungeniert gegen Notenerlasse verstoßen hat!

Die nach wie vor überwiegend vorherrschende Form der schulischen Leistungsmessung ist gekennzeichnet durch die Einfriedung der je individuellen Leistung in ein festes und vorgegebenes Notensystem – reichend von „sehr gut" (1) bis „ungenügend" (6). Die Definition dieser sechs Leistungsstufen wird – z. B. in Niedersachsen durch einen ministeriellen Erlass – im Regelfall (scheinbar) sehr präzise gefasst:

„Für die Beurteilung der Leistungen werden in Zeugnissen nur die Noten ‚sehr gut', ‚gut', ‚befriedigend', ‚ausreichend', ‚mangelhaft' und ‚ungenügend' verwendet. Den Noten sind entsprechend dem Beschluss der Kultusministerkonferenz vom 3.10.1968 die folgenden Definitionen zugrunde zu legen:
1. sehr gut (l)
Die Note ‚sehr gut' soll erteilt werden, wenn die Leistung den Anforderungen in besonderem Maße entspricht.
2. gut (2)
Die Note ‚gut' soll erteilt werden, wenn die Leistung den Anforderungen voll entspricht.

3. befriedigend (3)

Die Note ‚befriedigend' soll erteilt werden, wenn die Leistung im Allgemeinen den Anforderungen entspricht.

4. ausreichend (4)

Die Note ‚ausreichend' soll erteilt werden, wenn die Leistung zwar Mängel aufweist, aber im Ganzen den Anforderungen noch entspricht.

5. mangelhaft (5)

Die Note ‚mangelhaft' soll erteilt werden, wenn die Leistung den Anforderungen nicht entspricht, jedoch erkennen lässt, dass die notwendigen Grundkenntnisse vorhanden sind und die Mängel in absehbarer Zeit behoben werden können.

6. ungenügend (6)

Die Note ‚ungenügend' soll erteilt werden, wenn die Leistung den Anforderungen nicht entspricht und selbst die Grundkenntnisse so lückenhaft sind, dass die Mängel in absehbarer Zeit nicht behoben werden könnten."
(Erlass des Nds. MK vom 20.7.1973 in der Fassung von 1977 – SVBL 1977, S. 336)

Um die sechs Leistungsstufen auf die mündlichen Leistungen – genauer: die mündliche Beteiligung am Unterricht – leichter übertragen zu können, finden sich an vielen Schulen Bewertungsbögen bzw. Kriterienlisten. Sie sollen das Messen dieser Leistungen möglichst objektivieren und transparent gestalten. Das folgende Beispiel stammt aus einem Gymnasium, an dem einer der Autoren tätig ist:

Kriterien zur Beurteilung der mündlichen Leistung

Situation	Fazit	Note/Punkte
Keine freiwillige Mitarbeit im Unterricht. Äußerungen nach Aufforderung sind falsch.	Die Leistung entspricht den Anforderungen nicht. Selbst Grundkenntnisse sind so lückenhaft, dass die Mängel in absehbarer Zeit nicht behebbar sind.	Note: 6 Punkte: 0
Keine freiwillige Mitarbeit im Unterricht. Äußerungen nach Aufforderung sind nur teilweise richtig.	Die Leistung entspricht den Anforderungen nicht, notwendige Grundkenntnisse sind jedoch vorhanden und die Mängel in absehbarer Zeit behebbar.	Note: 5 Punkte: 1–3
Nur gelegentlich freiwillige Mitarbeit im Unterricht. Äußerungen beschränken sich auf die Wiedergabe einfacher Fakten und Zusammenhänge aus dem unmittelbar behandelten Stoffgebiet und sind im Wesentlichen richtig.	Die Leistung weist zwar Mängel auf, entspricht im Ganzen aber noch den Anforderungen.	Note: 4 Punkte: 4–6
Regelmäßig freiwillige Mitarbeit im Unterricht. Im Wesentlichen richtige Wiedergabe einfacher Fakten und Zusammenhänge aus unmittelbar behandeltem Stoff. Verknüpfung mit Kenntnissen des Stoffes der gesamten Unterrichtsreihe.	Die Leistung entspricht im Allgemeinen den Anforderungen.	Note: 3 Punkte: 7–9
Verständnis schwieriger Sachverhalte und deren Einordnung in den Gesamtzusammenhang des Themas. Erkennen des Problems, Unterscheidung zwischen Wesentlichem und Unwesentlichem. Es sind Kenntnisse vorhanden, die über die Unterrichtsreihe hinausreichen.	Die Leistung entspricht in vollem Umfang den Anforderungen.	Note: 2 Punkte: 10–12

Situation	Fazit	Note/Punkte
Erkennen des Problems und dessen Einordnung in einen größeren Zusammenhang, sachgerechte und ausgewogene Beurteilung; eigenständige gedankliche Leistung als Beitrag zur Problemlösung. Angemessene, klare sprachliche Darstellung.	Die Leistung entspricht den Anforderungen in ganz besonderem Maße.	Note: 1 Punkte: 13–15

Ein Kriterienkatalog dieser Art bildet sicherlich einen guten Ausgangspunkt für mehr Objektivität bei der Bewertung mündlicher Leistungen, denn diese werden ziemlich genau beschrieben und damit schon ein gutes Stück weit „entsubjektiviert". Der Bogen enthält aber genau wie die Leistungsdefinitionen des Niedersächsischen Kultusministeriums einen entscheidenden Mangel: Die Beschreibung der Leistungsanforderungen bedeutet nicht gleichzeitig und „automatisch" deren Operationalisierung! Es bleibt also die entscheidende Frage offen, wie man diese Leistungen in Teilbereiche zerlegen, messen und quantifizieren kann – und genau diesen Prozess soll dieses Buch illustrieren.

Auch die Einführung des Punktesystems in der reformierten Oberstufe Mitte der Siebzigerjahre änderte an dieser grundsätzlichen Situation nichts, werden doch durch die 16 Punktabstufungen lediglich die bisherigen „Plus- und Minustendenzen" zu eigenständigen Notenstufen. Dies System ist also differenzierter, geht aber ebenso wie das Notensystem von dem Prinzip aus, die individuellen Schülerleistungen durch ein vorgegebenes, starres Raster zu quantifizieren.

Kennzeichnend für dieses System ist die von allen Beteiligten – Schülern, Lehrern, Eltern und Schulaufsicht – mehr oder weniger deutlich formulierte Erwartung der „Gaußschen Normal-Verteilungskurve" in Bezug auf jede beliebige Lerngruppe: Ein Großteil der Schülerleistungen befindet sich im mittleren Bereich (befriedigend – ausreichend), nach oben (gut – sehr gut) wie nach unten (mangelhaft – ungenügend) werden es deutlich weniger Schüler. Die Erwartung dieser „Normalverteilung" ist ja auch durchaus sinnvoll, denn die durchschnittliche Verteilung der Intelligenz in einer nach anderen Kriterien zusammengestellten Lerngruppe, wie es Klassen ja sind, entspricht weitestgehend dem oben skizzierten Schema. Der größte Teil der Schüler wird durchschnittlich intelligent sein – und Intelligenz ist eine valide Basis für die Vorhersage von Leistungen.

Im Regelfall gibt es zumindest eine klare, gesetzlich bzw. durch Erlass geregelte Untergrenze. In den niedersächsischen Sekundarstufen I z. B. beträgt sie bei Klassenarbeiten 30 % – wenn mehr Ergebnisse mangelhaft oder ungenügend sind, muss die Klassenarbeit entweder wiederholt oder als begründeter Sonderfall vom Schulleiter genehmigt werden. Lehrer, die dauerhaft von dieser Normalverteilung abweichen, müssen einkalkulieren, dass sie gewisse Probleme bekommen können.

Also nicht die grundsätzliche Existenz der Normalverteilung bildet das Problem, sondern ihre von der diagnostischen Tätigkeit abgekoppelte Handhabung seitens vieler Lehrer. Statt erwartetes und tatsächliches Ergebnis zur Diagnose des eigenen Unterrichts und der eigenen Einschätzung der Leistungsfähigkeit der Schüler zu nutzen und daran Diagnose- und Fördermaßnahmen zu fokussieren, wird (sicherlich häufig unbewusst und im besten Glauben und Wollen) jede Lerngruppe – häufig wohl auch das Bewertungsraster – so „getrimmt", dass sie der Normalerwartung entspricht. Das ist übrigens genau das, was viele Schulleitungen und -aufsichten fordern und erwarten – wer sich als Lehrer entsprechend verhält, ist also unter diesem Gesichtspunkt immer auf der sicheren Seite.

In den letzten Jahren ist unter den Bildungspolitikern die Einsicht gewachsen, dass dieses Noten- bzw. Punktesystem überfordert ist, wenn es Aspekte wie Sozialverhalten, Arbeitshaltung, Fleiß, Pünktlichkeit oder Ordnung aufnehmen soll und gleichzeitig soziale, individuelle und sachliche Normen miteinander verknüpfen soll. Das Verhalten der Schüler und ihre Einstellungen zu den Aufgaben sind eben keineswegs stabil und kontinuierlich, sondern variieren von Fach zu Fach, von Lehrer zu Lehrer, und auch innerhalb des Faches von Thema zu Thema und Aufgabenart zu Aufgabenart.

Daher sind in den letzten Jahren in einer ganzen Reihe von Bundesländern die so genannten „Kopfnoten" wieder eingeführt worden: verbale Beurteilungen auf dem oberen Abschnitt des Zeugnisformulars, die deskriptiv die Leistung oder vielleicht besser das Verhalten in den gerade benannten Bereichen Sozialverhalten etc. dokumentieren sollen. Auch wenn die gerade angesprochenen Diskontinuitäten in Bezug auf Aufgabenart, Fach etc. durch diese Kopfnoten nicht aufgelöst werden können, da sie ja notwendigerweise nur das statistische Mittel aller Fächer/Lehrer darstellen können, sehen wir hierin doch einen grundsätzlich richtigen Schritt in Richtung auf leistungsgerechte Diagnose. Es ist allerdings ausgesprochen aufschlussreich zu prüfen, wie diese Innovationen verlaufen sind: Seit 1997 müssen in Niedersachsen in Zeugnissen der Sek 1 die Bereiche „Sozialverhalten" und „Arbeitsverhalten" jedes Schülers von jedem Lehrer der Lerngruppe beurteilt werden und diese Urteile sollen sich durch Diskussion in der Klassen-(Zeugnis-)Konferenz zu einem Gesamtbild fügen. Nach einer relativ kurzen Phase der freien Formulierungsmöglichkeit gab das Kultusministerium per Erlass fünf Abstufungen vor, die seitdem für die Zeugnisse verbindlich sind.

1. „Verdient besondere Anerkennung"
2. „Entspricht den Erwartungen in vollem Umfang"
3. „Entspricht den Erwartungen"
4. „Entspricht den Erwartungen mit Einschränkungen"
5. „Entspricht nicht den Erwartungen"

Zwar sind die Klassenkonferenzen ausdrücklich dazu ermuntert worden, diese normierten „Noten" verbal zu ergänzen oder zu präzisieren und dies in der zuständigen Konferenz zu erörtern, die Praxis in den Schulen sieht aber meist ganz anders aus: Die Klassenlehrer ermitteln den arithmetischen Durchschnitt und runden entsprechen auf oder ab, teilen dies der Konferenz mit und diese nickt ab – nächster Schüler! Der Klassenlehrer hat die fünf Abstufungen zu Hause längst als Textbausteine in seinem Computer gespeichert und drückt beim Zeugnisschreiben nur auf die entsprechende Taste.

Konsequenz: Die gut gemeinte und pädagogisch ganz sicher sinnvolle Ergänzung der reinen Notenzeugnisse ist auf diese Weise zu einem bloßen Appendix des Notenzeugnisses verkommen und unterscheidet sich qualitativ nicht von den Fachnoten.

Ähnliches ließ sich in Niedersachsen auch bei den Orientierungsstufen beobachten: Diese eigenständigen Schulen mussten am Ende der Klasse 6 für jeden Schüler ein verbal-deskriptives Gutachten erstellen, das in eine Empfehlung für den Besuch der Hauptschule, der Realschule oder des Gymnasiums mündete. Viele (allerdings nicht alle) Orientierungsstufen machten sich die Sache denkbar leicht, indem sie fertig vorformulierte Textbausteine erstellten (z. B. „genügt den Anforderungen der Realschule in voller Weise" oder „genügt den Anforderungen des Gymnasiums in eingeschränkter Weise"). Diese fertigen Textbausteine bildeten dann den Kern des Gutachtens, ohne dass es im Regelfall zu weiteren individuellen Deskriptionen kam. Dennoch (oder vielleicht auch gerade deswegen) hat sich in der rund dreißigjährigen Geschichte der niedersächsischen Orientierungsstufen gezeigt, dass diese Gutachten eine ausgesprochen hohe Prognosesicherheit besaßen! Standardisierung und Normierung ist also keineswegs per se etwas Schlechtes, das es auszumerzen gälte – es bleibt aber die Frage, wie wir Lehrer neben der Prognose, die dem Schüler mit seinen individuellen (Lern-) Problemen ja nicht hilft, mit normierten und standardisierten Verfahren uns selber und den Schülern Diagnose- und Entwicklungsmöglichkeiten zur Verfügung stellen können. Daher folgt an dieser Stelle ein kurzer Exkurs über die Sinnhaftigkeit der Arbeit mit Textbausteinen:

Erleichtern kann diese Form der Rückmeldung ein standardisiertes Verfahren, in dem vorformulierte Bausteine je nach Situation kombiniert werden können. Technische Hilfe schafft da ein Computer.

Ein Beispiel für den Sekundarbereich II findet sich in dem von Gerd Brenner herausgegebenen Buch „Die Fundgrube für den Deutsch-Unterricht" (1995, S. 133):

Liste der Fehlerbereiche
Du kannst dich verbessern, indem du …

- übst, den Anforderungen des verlangten Aufsatztyps (noch) besser zu entsprechen;   (1)

- übst, Texte (noch) gründlicher und umfassender zu analysieren;   (2)

- übst, deine analytischen Ideen (noch) mehr zu entfalten;   (3)

- übst, mehr Textbelege zu verwenden und die zitierten Textstellen intensiver auf einen übergeordneten Gedanken zu beziehen;   (4)

- dich in Hausaufgaben und Unterrichtsgesprächen gezielt darum bemühst, die im Unterricht erarbeiteten analytischen Fachbegriffe (noch) intensiver und präziser anzuwenden;   (5)

- durch das studierende Lesen entsprechender Fachtexte dein Darstellungsvermögen verbesserst (Lektüreempfehlungen für die Bibliothek bei mir erhältlich);   (6)

- durch eine detaillierte Schreibplanung vor Beginn der Niederschrift (7)
deine Gedanken besser ordnest (Titelliste bei mir erhältlich);

- lernst, dir die Zeit besser einzuteilen; (8)

- übst, analytische Einzelergebnisse gedanklich besser miteinander (9)
zu verknüpfen und Überleitungen zu formulieren, sodass ein
Text „wie aus einem Guss" entsteht (Titelliste bei mir erhältlich) (…)

Nehmen die Schüler den oben beschriebenen Zusammenhang auch wahr, könnten sie die Beurteilungen hinsichtlich ihrer Herleitung und Begründung vermutlich besser verstehen, vielleicht auch einen ersten Schritt in Richtung Selbstbeurteilung machen. Der Lehrer jedenfalls hat eine bessere Kontrolle, er kann auf einer differenzierten Basis Gespräche führen, gewinnt womöglich auch für erzieherische Interventionen neue Ansatzpunkte.

Einen anderen Weg gehen viele Integrierte Gesamtschulen – zumindest in den unteren Jahrgangsstufen der Sekundarstufe 1: Statt der üblichen Notenzeugnisse gibt es halbjährliche „Lernentwicklungsberichte". Diese gliedern sich in drei Teile:

- einen allgemeinen und von dem oder den Klassenlehrern verfassten, der sich mit den schon oben in Bezug auf die Kopfnoten skizzierten Aspekten befasst,
- einen fachlichen Teil, in dem alle Fachlehrer die jeweiligen Leistungen verbal beschreiben,
- und schließlich einem Teil, in dem der Schüler selber Stellung zur Leistungsbewertung und zu seiner Person (und den Vorsätzen für das nächste Halbjahr) nimmt.

Das folgende Beispiel zeigt Ausschnitte aus dem allgemeinen und dem Fachteil eines Lernentwicklungsberichtes:

Lieber Peter,
wenn du morgens zur Schule kommst, dann strahlst du, hast meistens gute Laune und wir merken, dass du gerne in die Klasse 6c dieser Schule gehst. Du bist gerne mit deinen Mitschülerinnen und Mitschülern zusammen. Natürlich gibt es auch dann und wann Meinungsverschiedenheiten, aber bei schwierigen Situationen zwischen deinen Mitschülern oder Streitereien mit

anderen Schülern dieser Schule versuchst du vermittelnd einzugreifen. Hier wirkt sich deine langjährige Tätigkeit bei den Pfadfindern sehr positiv aus. Probleme ergeben sich dagegen immer noch mit deiner Einstellung zum konzentrierten Arbeiten. Oft fehlt dir die nötige Konzentration zur Erledigung der dir gestellten Aufgaben. Es dauert immer sehr lange, bis es dir gelingt, einen Einstieg in die Arbeit zu finden. Das kostet Zeit, die dir dann am Ende fehlt. So hast du natürlich auch immer große Probleme bei der Erstellung deines Aufgaben- und Arbeitsplanes.

Dein größtes Problem ist aber das Schreiben von Texten. Du magst nicht schreiben und entziehst dich immer wieder dieser Arbeit – meistens mit fadenscheinigen Ausreden. Arbeitest du eigentlich mit unserem gemeinsam entwickelten Programm? Übst du genug und regelmäßig? Nutzt du den Computer und sein Rechtschreibprogramm?

Wir glauben, du müsstest dein Lernen in dieser Hinsicht besser organisieren und die dir zur Verfügung stehenden Hilfsmittel und -möglichkeiten besser nutzen.

Da du ein gutes Allgemeinwissen hast und darüber auch an vielen Dingen Interesse entwickelst und zeigst, erwarten wir von dir in diesem Bereich einen höheren Einsatz. Du plauderst zu häufig mit deinen Tischnachbarn und bist so abgelenkt. Pause ist Pause, Unterricht ist Unterricht!

Deine mündliche Mitarbeit muss viel besser werden!

Lieber Peter, wir freuen uns auf das kommende 7. Schuljahr mit dir.

Mathematik
Du bist in der Lage, Chancen und Wahrscheinlichkeiten abzuschätzen und zu vergleichen, sie durch Brüche auszudrücken und damit zu rechnen. Das Addieren und Subtrahieren gleichnamiger und ungleichnamiger Brüche bereitet dir ebenfalls keine Schwierigkeiten. Deshalb kannst du auch Brüche nach ihrer Größe ordnen und vergleichen.

Bei der Flächenberechnung gelingt dir die Lösung von Problemen ohne Schwierigkeiten. Du übersetzt Sachaufgaben in mathematische Rechenoperationen und umgekehrt. Du kannst Grundrisse lesen, maßstabsgerechte Zeichnungen anfertigen und unterschiedlich große Flächen miteinander vergleichen. Bemühe dich aber immer um saubere geradlinige Skizzen.

Schwierigkeiten bereiten dir beim Dividieren die Grundrechenarten und ihre Anwendungen. Diese Fähigkeiten lassen sich sicher im nächsten Jahr verbessern.

Deine mathematischen Leistungen hast du auch in diesem Jahr erheblich verbessern können.

An diesem Beispiel wird unmittelbar erkennbar, dass verbale Bewertungen einen unschätzbaren Vorteil gegenüber Ziffernnoten aufweisen, wenn es um die individuelle Entwicklung von Verhaltensänderungen geht. Sie bieten konkrete Anlässe zur gemeinsamen kommunikativen Validierung, auch wenn mit verbalen Bewertungen nicht automatisch Diagnosefähigkeiten der Lehrer erzeugt werden.

Es gibt drei gravierende Risiken dieses Systems:

• Je geringer die Diagnosekompetenz der Lehrer, desto höher ist auch das Risiko, in die verbale Beurteilung subtile Formen der Persönlichkeitsbewertung auf der Basis von subjektiven Persönlichkeitstheorien zu integrieren.

• Die häufig sehr leicht mögliche „Rückverwandlung" einer Verbalbeurteilung in bloße Noten: Eine Formulierung wie „deine Leistungen im Fach Deutsch waren im letzten Halbjahr befriedigend" sagt nicht mehr aus als ein „befriedigend" in einem Notenzeugnis. Aber auch Formulierungen wie „das Lösen von quadratischen Gleichungen musst du noch üben, um zu guten Ergebnissen zu gelangen" ist – obwohl deutlich aussagekräftiger als das Deutschbeispiel – ohne Mühe in ein „Drei Plus" rückzuverwandeln.

• Die gerade durch den Computer möglich gewordene Versuchung, im Sinne eines arbeitsökonomischen Vorgehens mit Textbausteinen zu arbeiten – das Schreiben von Lernentwicklungsberichten ist ausgesprochen zeitaufwändig! Damit aber gerät der ursprüngliche Anspruch tendenziell in Gefahr – nämlich individuell auf jeden einzelnen Schüler einzugehen und seine Schwächen und Stärken differenziert verbal auszuloten – aber das hängt eben wesentlich von der Menge und dem Grad der Differenziertheit der Bausteine ab.

1.1.2 Vorteile und Schwächen des jetzigen Systems

Situation: Ein Deutschaufsatz vor 100 Jahren
Beteiligte: Gymnasialprofessor Rat (von den Schülern nur „Unrat" genannt) und die Unterprima (heute Jg. 12)
Lektüre: Schiller, „Die heilige Johanna"

„ … Der Primus nahm den Zettel vor seine kurzsichtigen Augen und machte sich langsam ans Schreiben. Alle sahen mit Spannung unter der Kreide die Buchstaben entstehen, von denen so viel abhing. Wenn es nun eine Szene betraf, die man zufällig nie «präpariert» hatte, dann hatte man «keinen Dunst» und «saß drin».
Schließlich stand dort oben zu lesen:
«Johanna: Es waren drei Gebete, die du tatst;
Gib wohl acht, Dauphin, ob ich sie dir nenne!»
(Jungfrau von Orleans, erster Aufzug, zehnter Auftritt.)
Thema: Das dritte Gebet des Dauphins.»

Als sie dies gelesen hatten, sahen sie alle einander an. Denn alle «saßen drin». Unrat hatte sie «hineingelegt». Er ließ sich mit einem schiefen Lächeln im Lehnstuhl auf dem Katheder nieder und blätterte in seinem Notizbuch.

«Nun?» fragte er, ohne aufzusehen, als sei alles klar, «wollen Sie noch was wissen? ... Also los!»

Die meisten knickten über ihrem Heft zusammen und taten, als schrieben sie schon. Einige starrten entgeistert vor sich hin.

«Sie haben noch fünfviertel Stunden», bemerkte Unrat gleichmütig, während er innerlich jubelte. Dieses Aufsatzthema hatte noch keiner gefunden von den unbegreiflich gewissenlosen Schulmännern, die durch gedruckte Leitfäden es der Bande ermöglichten, mühelos und auf Eselsbrücken die Analyse jeder beliebigen Dramenszene herzustellen.

...

Auf alle Fälle mußte über dieses dritte Gebet, ja selbst über ein viertes und fünftes, wenn Unrat es verlangt hätte, irgend etwas zu sagen sein. Über Gegenstände, von deren Vorhandensein man nichts weniger als überzeugt war, etwa über die Pflichttreue, den Segen der Schule und die Liebe zum Waffendienst, eine gewisse Anzahl Seiten mit Phrasen zu bedecken, dazu war man durch den deutschen Aufsatz seit Jahren erzogen. Das Thema ging einen nichts an; aber man schrieb. Die Dichtung, der es entstammte, war einem, da sie schon seit Monaten dazu diente, einen «hineinzulegen», auf das Gründlichste verleidet ..."

(Aus: HEINRICH MANN, Professor Unrat, erschienen 1905)

Was hat diese antiquierte und hoffnungslos überholte Szene mit der schulischen Gegenwart zu tun? Ganz sicher lässt sie sich nicht „eins zu eins" auf heute übertragen, dafür haben 100 Jahre (schul-) geschichtlicher Entwicklung glücklicherweise gesorgt – aber gibt diese Szene, die uns heute nur noch schmunzeln lässt, nicht im Kern doch noch die Vor- und Nachteile des heutigen Beurteilungssystems wieder? Welche Vor- und Nachteile also hat das „Unratsche System"?

Vorteile:

- Es bezieht sich auf ein überschaubares Stoffgebiet, und die Schüler können sich sicher sein, dass keine früher gelesene Lektüre „drankommt".
- Es stellt einen klaren Rahmen her: Erlaubt ist nichts als die Benutzung des eigenen Gedächtnisses.
- Es definiert (auf seine Art) klare Leistungsanforderungen: Je besser der Schüler die Lektüre und eventuelle Sekundärschriften gelesen (am besten: auswendig gelernt) hat, desto besser wird er die Prüfung bestehen.
- Es macht keinerlei Hehl aus der Selektionsfunktion von Leistungsbewertung.

Nachteile:

- Die Leistungsüberprüfung bezieht sich ausschließlich auf den kognitiven Bereich, genauer gesagt auf den „Anforderungsbereich 1" (Kennen), weder problemlösendes Denken durch Aufbau von Kompetenzen noch die Orientierung auf Alltagstauglichkeit spielen eine Rolle.
- Die Sinnhaftigkeit der Prüfung bleibt den Schülern völlig verborgen, im Gegenteil erleben sie die Prüfung als sadistisches Ritual.
- Dieses Ritual ist zudem völlig weltfremd und künstlich, denn die Situation, dass man weder auf andere Mitmenschen noch auf Hilfsmittel (Lexika, Quellen, Internet …) zurückgreifen kann, gibt es „im wirklichen Leben" so gut wie nie.
- Die affektive Lernzielebene wird – wenn überhaupt – nur negativ tangiert: Keiner dieser Schüler wird später noch Vergnügen an der Schiller-Lektüre entwickeln können.
- Jeder handelnde Umgang mit der Thematik, jede Möglichkeit, sich den Stoff im Sinne Pestalozzis „zu Eigen zu machen", wird verhindert.

In dem Beispiel „Professor Unrat" geht es nicht nur um die Leistungsüberprüfung, sondern vor allem um Macht und Demonstration der Überlegenheit. Daran orientierte Leistungsbewertung schafft ein Problem, denn moderner Unterricht richtet die Rolle des Lehrers eher auf Beratung/Mentoring und eine Form von komplementärer Interaktion aus, die aber deutlicher auf Entwicklung und Integration von Selbststeuerung angelegt ist. Wenn es gelingt, Leistungsüberprüfung und Bewertung als Element dieses Entwicklungsprozesses zu integrieren, dann ist ein erster Schritt getan. Das gelingt am leichtesten, wenn die individuelle Leistungsentwicklung (Individualnorm) in den Blick genommen wird.

Spätestens am Ende der Schullaufbahn wird aber die Funktion der Zertifizierung durch die Schule das Verhältnis von Lehrern und Schülern treffen, der Lehrer muss mit der Macht der Institution leben. Manchem gefällt das, andere haben damit eher ihre Probleme.

Vergleichsarbeiten, zentrale Prüfungen und das Zentralabitur könnten in diesem Fall auch eine Chance sein; vielleicht ergibt sich sogar die Situation, dass Lehrer und Schüler sich gemeinsam geprüft fühlen – und so zu einer neuen Form von Solidarität finden.

1.2   Dimensionen des Leistungsbegriffs

Unsere modernen (post-) industriellen Gesellschaften sind ohne das Streben nach und das Erbringen von Leistung schlechterdings nicht denkbar – das hat Max Weber mit seinem grundlegenden Werk zur protestantischen Ethik bereits vor hundert Jahren nachgewiesen, und der weltgeschichtliche (Globalisierungs-) Prozess zeigt, dass keineswegs kontemplative Sozietäten im Vormarsch sind, sondern die Leistungsgesellschaft überall in der Welt an Boden gewinnt.

Wie aber wird der Leistungsbegriff in unserer Gesellschaft gesehen? Beispiele für Leistungen gibt es jeden Tag in unserer Medienwelt: Leistungen in Sport, Politik, Technik, Kultur, im täglichen Leben, bei abstrusen Höchstleistungen für das Guinness-Buch etc. Man fragt sich oft vergeblich, wem diese Leistungen eigentlich nützen und was sie Tolles bewirken, aber dennoch werden sie durch die Bank positiv konnotiert – etwas leisten ist durch und durch gut und sinnvoll! (Niemand würde dagegen ernsthaft auf die Idee kommen, die Taten eines Mörders oder Bankräubers als Leistung zu bezeichnen!) Dieser Begriff ist also sehr unmittelbar mit unserem gesellschaftlichen Wertesystem verknüpft.

Wir alle werden tagtäglich mit Leistungserwartungen an uns konfrontiert. Doch wie unterscheiden sich die Leistungsanforderungen an bestimmte Gruppen oder auch an Einzelne in der Gesellschaft, wie werden sie definiert, wer definiert sie und welche Leistungen sind gefragt? Für Schüler aller Schulformen und Jahrgänge lässt sich das relativ einfach beantworten: Hier wird der Leistungsbegriff ausschließlich mit Schule verbunden und – noch eine Kategorie enger gefasst – unmittelbar an die schulischen Noten geknüpft.

1.2.1   Leistung als gesellschaftliches Phänomen

Auch außerhalb der Schule werden schulische Leistungen fast unmittelbar an die schulischen Noten geknüpft.

Für die Gesellschaft hat die Schule eine fünffache Funktion:

1. Die *Qualifikationsfunktion:* Noten sollen eindeutig, nachvollziehbar und objektivierbar den Leistungsstand des zu Beurteilenden unter speziellen, genau definierten Aspekten dokumentieren und dem zu Beurteilenden selbst eindeutige Kriterien liefern. Unter diesem Aspekt ist Leistungsbewertung also ein Teil der kritischen Selbsteinschätzung. In der Konse-

quenz für den zukünftigen Unterricht müsste sich ein Schüler also die Frage stellen: Wie komme ich zu einer realistischen Selbsteinschätzung?

2. Die *Selektionsfunktion:* Die Schule ist in unserer freien Leistungsgesellschaft der Ort, an dem für die jungen Menschen die Sozialchancen für das weitere Leben primär vergeben werden – diese manchem Pädagogen schmerzhaft anmutende Bestimmung von Schule darf und kann nicht ignoriert werden. Ohne ein komplexes System von Leistungsmessungen und -bewertungen könnte Schule diesem gesellschaftlichen Auftrag nicht nachkommen. Die Selektionsfunktion generiert in der Praxis die Frage: Wie komme ich zu guten Noten? Sie kann kontraproduktiv wirken im Hinblick auf die Qualität der Selbsteinschätzung.

3. Die *Legitimationsfunktion:* Die beiden oben skizzierten Funktionen kann Schule nur dann erfüllen, wenn sowohl die betroffenen Schüler als auch die „abnehmende" Gesellschaft die Kriterien und die konkrete Durchführung der individuellen Leistungsbewertung als „gerecht" empfinden. Nur dann, wenn – ungeachtet aller, vielleicht „ungerechter" Details – alle die Maßstäbe für die Verteilung der Lebenschancen als angemessen und als fair begreifen, kann Schule ihren gesellschaftlichen Auftrag erfüllen.

4. Die *Informationsfunktion:* Leistungsbeurteilungen geben den auszubildenden Betrieben, den weiterführenden Schulen und den Hochschulen Informationen über Ausbildungs- und Leistungsstände der sich Bewerbenden. Noten haben allerdings einen geringen Informationswert über vorhandene Kompetenzen, vielmehr signalisieren sie den Platz in einer Rangfolge. Das ist ein besonderes Problem für weiterführende Schulen, wenn sie lern- oder leistungsschwache Schüler aufnehmen müssen (Berufsvorbereitungsklassen oder Berufsgrundbildungsklassen). Diese Schüler haben in der Regel Probleme, ihre Kompetenzen zu präsentieren, nicht zuletzt deshalb, weil sie ein diffuses Selbstbild mitbringen.

5. Die *Sozialisierungsfunktion:* Schule vermittelt die Existenz und Gültigkeit von Leistungsnormen. Diese können sich von den gültigen Normen in der Familie, im Freundeskreis etc. erheblich unterscheiden. Andererseits können gleiche Leistungen in unterschiedlichen Bereichen unterschiedlich bewertet werden: Hilfsbereitschaft zählt im Freundeskreis viel, in der Schule geht es (bisher) mehr um den Nachweis individueller Leistungsfähigkeit. Anstrengungsbereitschaft zählt in der Schule mehr als emotionale Zuwendung; gute Leistungen in Mathematik sagen nichts über den Status in der Freundesgruppe aus.

Am ehesten lassen sich Leistungsnormen in der Schule mit denen der Arbeitswelt verbinden. Insofern sozialisiert die Schule nicht nur mit Blick auf die Leistungen allgemein, sondern auch mit Blick auf die Anforderungen in der Arbeitswelt. Das gelingt umso eher, als auch die so genannten Sekundär-Tugenden in unterschiedlichen Formen zum Tragen kommen. In Projekten und anderen kooperativen Arrangements lassen sich Sinn und Wirksamkeit erfahren. Deshalb ist es so wichtig, dass z. B. Projekte nicht von der Leistungsorientierung frei gemacht bzw. von der Leistungsidee abgekoppelt werden.

1.2.2 Leistung als psychologisches Phänomen

Leistung wird in der Psychologie so definiert: Leistung ist der Vollzug und das Ergebnis von Tätigkeiten in unterschiedlichen Handlungsfeldern.

> „Leistung, Gegenstand von Arbeitsprozessen, Eignungsuntersuchungen. ...
> Innere und äußere Bedingungen der Leistungsbereitschaft werden besonders von Arbeitsprozessen und –Physiologie untersucht. ...
> Sozialpsychologisch gilt die Leistung als unterscheidendes Merkmal der einzelnen im Aufbau der Industriegesellschaft (Leistungsgesellschaft). Die Diagnose der individuellen Leistungsfähigkeit gibt zugleich den Ort der Person im sozialen Gefüge an. Die Erziehung und Ausbildung zielen auf Leistungssteigerung in den Grenzen der Veranlagung. Doch ist die Leistung in hohem Grade auch von dem Anspruchsniveau abhängig."
> HEHLMANN, WILHELM: Wörterbuch der Psychologie. Stuttgart 1965

Leistung als *psychologisches Phänomen* hat drei unterschiedliche Dimensionen, die individuelle, die soziale und die zielorientierte Dimension:
• Die Selbsteinschätzung der eigenen geistigen Fähigkeiten und Kapazitäten setzt die je persönliche individuelle Norm.
• Die Eingebundenheit in das soziale Miteinander des privaten und familiären Bereichs und die damit verbundenen Standards konstituieren die soziale Norm.
• Die eigene Lebensplanung schließlich bezieht sich auf die zielorientierte Dimension – Berufs- und Karrierewünsche und -ziele, die angestrebte Stellung in der Gesellschaft, die innere Bereitschaft, hierfür etwas zu tun etc.

Auch persönliche Eigenarten und Eigenschaften oder Fähigkeiten beeinflussen die Beurteilungen eines anderen. So konnten wir in den Schulen häufig beobachten, dass Schüler bei schlechten Leistungen die Gründe für ihr Verhalten eher in den äußeren Umständen begründet sahen, die zu dieser Situation geführt hatten, und nicht in ihrem eigenen Unvermögen. Natürlich gibt es, wie die Forschung gezeigt hat, unterschiedliche Strategien zwischen verschieden leistungsstarken Schülern, die eng an das jeweilige Selbstkonzept gebunden sind: Je leistungsschwächer ein Schüler ist, desto größer seine (statistische) Neigung zu destruktiver Selbstkritik. Einige der biografischen Kurzporträts in den letzen Shell-Jugendstudien belegen dies eindrucksvoll (z. B. Fischer, Opladen 2000, Bd. 2, S. 169ff.).

Der Lehrer dagegen macht das schlechte Abschneiden in erster Linie an den individuellen, persönlichen Merkmalen des Schülers fest, an seinen fehlenden Kenntnissen und am mangelnden Üben. Einige der genannten Kriterien waren: Anstrengungsbereitschaft, Fähigkeiten, Selbstständigkeit, Konzentrationsfähigkeit, Ausgeglichenheit. Die Qualität des eigenen Unterrichts spielte eine ebenso untergeordnete Rolle wie die individuellen fachspezifischen Kenntnisse der Schüler.

Vorkenntnisse und Vorinformationen beeinflussen unsere Sicht über die menschlichen Eigenschaften eines Schülers. Sie bilden praktisch die Basis, mit der wir alle weiteren Informationen verknüpfen und die wir durch aktuelle Erlebnisse erweitern. Wir ordnen die neuen Informationen in Bezug auf die schon bekannten ein und interpretieren sie. So entsteht ein Schülerbild, das wir uns „zurechtgeschustert" haben, indem wir Informationsdefizite durch eigene plausibel erscheinende Rückschlüsse ergänzt haben (implizite Persönlichkeitstheorien).

Schon 1946 hat Asch diese Zusammenhänge in Experimenten nachgewiesen. Gesunder Menschenverstand und Menschenkenntnis bilden hier die Grundlage für Schülerbeurteilungen.

In unserer Schulzeit war es üblich, dass der Beruf des Vaters in das Klassenbuch eingetragen wurde. Führen diese Informationen zu einer besseren Bewertung eines Schülers, wenn wir wissen, dass der Vater an der Universität Mathematik unterrichtet oder Arzt ist? Das muss der Fall gewesen sein, denn die so genannten „familiären Verhältnisse" sind mittlerweile schon lange aus den Klassenbüchern verschwunden.

Subjektive Theorien (Groeben u. a., 1988) über Schüler wie „Fleißige, ordentliche Schülerinnen haben auch Ordnung in ihren Heften und Gedanken" oder „Schülerinnen sind sprachbegabter als Schüler" haben ebenfalls Auswirkungen auf die Beurteilungen. Die individuelle Sichtweise des Lehrers (seine subjektive Alltagstheorie) bildet dabei den Maßstab für konkrete Entscheidungen.

1.2.3 Leistung als pädagogisches Phänomen

Im 19. Jahrhundert bildete sich ein Leistungsbegriff in den Schulen aus, der sich an überprüfbarem Wissen und Können orientierte, damit sollten die Voraussetzungen für die weiterführenden Schulen gesichert sein. Die unterschiedlichen Fächer und ihre fachspezifischen Anforderungen prägen diesen Leistungsbegriff. Mit Hilfe von Tests oder Klassenarbeiten werden die individuellen Leistungen gemessen und bewertet (zensiert). Die nachweisbaren Ergebnisse – die Produkte – stellen die schulische Leistung dar.

> „Die Leistungsbereitschaft und die Leistungsfähigkeit ist entwicklungsabhängig und variiert je nach Individuum und Zuständigkeit. ... Der erzieherische Wert der Leistung liegt einmal in der Willensschulung durch die richtig eingesetzte Kraftentfaltung im Arbeitsprozeß und endlich in dem Erfolgs- und Bündniserlebnis nach Vollendung der Leistung. Die Erziehung zur Leistung gehört zu den Aufgaben der Schul- und Berufserziehung. Die Schule verlangt von jedem Schüler ein Mindestmaß von Lern- und Arbeitsleistung. Sie tritt damit als Leistungsschule in Gegensatz zu allen denjenigen Bestrebungen, die die Schularbeit durch die zufälligen Erlebnisse und das jeweilige Ausdrucksbedürfnis der Schüler bestimmen lassen wollen."
> (HEHLMANN, WILHELM: Wörterbuch der Pädagogik. Stuttgart 1964)

Dagegen wird in der Reformpädagogik Anfang des 20. Jahrhunderts ein Leistungsbegriff in den Vordergrund gerückt, der sich an der individuellen Lern- und Entwicklungsmöglichkeit der Schüler orientiert: Ausgehend von der Chancenungleichheit der Schüler und den fehlenden Kriterien und Maßstäben zur Leistungserfassung und -messung entwickeln z. B. Maria Montessori, Celestin Freinet und Peter Petersen eine ganzheitliche, am jeweiligen Individuum orientierte Sichtweise, die sich mit der Leistungsmessung durch schlichte Benotung nicht verträgt.

Heute versuchen wir, diese beiden Leistungsbegriffe miteinander zu verbinden. Dabei haben sich in der neueren Diskussion über die pädagogischen Dimensionen der Leistungsbewertung einige Eckpunkte herauskristallisiert:

- Leistung ist nicht „frei" feststellbar; der die Leistung Beurteilende setzt immer Normen und Schwerpunkte.
- Leistung bedarf nicht nur der Fremdbeurteilung (durch den Lehrer), sondern auch der Selbstbeurteilung – nur so können die je eigene Leistungsfähigkeit realistisch eingeschätzt, neue Lernsituationen angemessen antizipiert und damit letztlich selbstständig und selbstbewusst bewältigt werden.

- Leistung ist subjektbezogen, d. h., alle objektivierbaren, testtheoretisch orientierten Verfahrensweisen messen die je spezifisch individuellen Leistungen immer weniger, je mehr sie sich entindividualisierten, objektivierten Kriterien nähern. Ein allgemeiner Beobachtungsbogen, der für alle Schüler der BRD entwickelt würde, müsste notwendigerweise sehr abstrakt sein, wäre zwar scheinbar extrem objektiv, könnte aber die konkrete Individualität jedes einzelnen Schülers nur mit Blick auf die Ausfüllung der Kriterien erfassen. Wollte er die Individualität insgesamt erfassen, müsste er verändert, angepasst, spezifiziert werden, und genau dann ginge die ganze „Objektivität" wieder verloren.
- Leistung ist wesentlich auch prozessorientiert. Alle traditionellen Formen der Leistungsbewertung haben ausschließlich das Produkt im Auge, die Beurteilung des (Lern-) Prozesses, der zu diesem Produkt geführt hat, bleibt außerhalb des Wahrnehmungshorizontes. Dies ist mittlerweile auch in den Fokus der Bildungspolitiker geraten. Im neuen niedersächsischen Organisationserlass für die Sekundarstufe I aus dem Jahr 2004 (www.nibis.de) findet sich die folgende Formulierung: „Die Leistungsbewertung darf sich nicht in der punktuellen Leistungsmessung erschöpfen, sondern muss den Ablauf des Lernprozesses einbeziehen." Die Konsequenzen sind nicht immer klar und eindeutig. Wird das gleiche Ergebnis unterschiedlich oder werden Teilergebnisse getrennt bewertet?

Die *pädagogische Funktion der Leistungsbewertung* unterscheidet sich daher zum Teil erheblich von ihrer gesellschaftlichen Aufgabe und psychologischen Funktion:

Die *Qualifikationsfunktion* erfüllt auch unter dem pädagogischen Aspekt die gleiche Funktion wie oben skizziert. Zeugnisse sind für die Schüler in erster Linie Rückmeldungen über den erreichten Leistungsstand.

Zwei ganz wesentlich komplexere Funktionen, die der Selektionsfunktion in der Praxis oft diametral widersprechen, hat die Leistungsmessung aber unter dem pädagogischen Aspekt: die der *Lerndiagnose* und der *Lernberatung*. Dahinter steht das Konzept der individuellen Förderung des Schülers, also die Vorstellung, dass man nicht alle „über einen Kamm scheren" kann.

Die *Berichtfunktion* gilt für Schüler, Eltern und Lehrer: Der Schüler erhält Informationen über seine Lernentwicklung, Lernfortschritte, Lernerfolge und Leistungsstände, er wird aber gleichzeitig auch mit seinen Mitschülern verglichen. Der Lehrer erhält Informationen zur Wirksamkeit seines Unterrichts und über die Lernstände seiner Schüler. Die Eltern werden über Lernstände informiert.

Die *Motivations- und Förderungsfunktion* ist ambivalent: Schüler werden durch Leistungsbeurteilung nicht nur motiviert, sich mit bestimmten Lerninhalten zu beschäftigen, sondern sie können so auch individuell gefördert werden. Andererseits muss eine sehr wichtige Einschränkung gemacht werden: Da Leistungsbeurteilung immer auch eine selektive Wirkung hat, können Schüler dann, wenn sie nicht die gewünschte Leistung erbringen, sehr leicht demotiviert und blockiert werden! Wir sind daher der Meinung, dass es im Lernprozess immer auch beurteilungsfreie (Monitoring-) Phasen geben muss, und werden auf diesen Aspekt ausführlich später zu sprechen kommen.

Als Fazit dieser kurzen Sichtung der unterschiedlichen Dimensionen des Leistungsbegriffes lassen sich zwei Ansprüche formulieren, die ab Seite 40 wieder aufgegriffen, präzisiert und reflektiert werden sollen:

- Der eng gefasste, auf das Endergebnis bezogene und mit testtheoretischen (Schein-)Vorgaben operierende Leistungsbegriff muss um wesentliche Dimensionen erweitert werden.
- Der Prozess der Leistungsbewertung muss getragen werden von klaren Vereinbarungen zwischen Lehrer und Schülern sowie permanenter Reflexion der Leistungsnormen und der Kommunikation darüber.

1.2.4 Konsequenzen für die Praxis der schulischen Leistungsbewertung

Welche Fragen müssen Pädagogen beantworten, wenn sie als Lehrer die Lernfortschritte, Lernergebnisse und Lernfähigkeiten ihrer Schüler messen?

	Förderfunktion	Kontrollfunktion	Berichtsfunktion	Selektionsfunktion	Prognosefunktion
	Anreize geben, zur Persönlichkeitsstärkung beitragen, zur Selbstdisziplin befähigen	Arbeitsverhalten und Arbeitsergebnisse kontrollieren	Rückmeldungen an Schüler und Eltern	Platzierung, Schullaufbahnempfehlungen	Einschätzung inner- und außerschulischen Verhaltens
Beschreibung	Welche Fortschritte gibt es? Welche Kenntnisse, Fertigkeiten und Fähigkeiten werden sicher beherrscht?	Welche Unterrichtsziele sind wie weit erreicht?	Welche Lernentwicklung ist zu beobachten, woran muss der Schüler verstärkt arbeiten?	Über welche, für die Schulform besonders wichtige Fähigkeiten verfügt der Schüler?	Welche Einstellungen zur Gemeinschaft sind feststellbar, welche Aktivitäten seitens des Schülers gibt es?
Bewertung	Welche Anerkennung, welche Kritik für Verhalten und Leistung ist angebracht?	Gehen unbefriedigende Lernergebnisse auf Fehler des Lehrers, unzureichende Arbeitsleistung oder ungenügende Lernvoraussetzungen zurück?	Inwieweit sind die verlangten Wissens- und Könnenselemente fest verankert und jederzeit verfügbar?	Worauf gründet sich die Erwartung einer erfolgreichen Mitarbeit in der nächsten Klasse, Stufe oder Schulform?	Welcher Grad an Selbstständigkeit, welches Maß an Interesse und Lernenergie waren feststellbar?
Einstufung	In welchen Punkten ist die erwartete Leistung übertroffen, voll erreicht, teilweise erreicht, nicht erreicht?	Wie können die Kenntnisse, Fähigkeiten und Fertigkeiten eingestuft werden im Hinblick auf die Lerngruppe?	Welches (Zwischen-) Zeugnis kann ausgestellt werden, ist der Eintritt in die nächste Klasse oder Schulform zu empfehlen?	Ist das Klassenziel in allen Fällen erreicht oder müssen Ausgleichsleistungen herangezogen werden?	Wo sind besonders aussichtsreiche Merkmale der Persönlichkeitsbildung zu berücksichtigen?
Auswertung	Wie und wodurch kann dem Schüler Anerkennung vermittelt, ein Ansporn gegeben werden?	Wo können oder müssen spezielle Fördermaßnahmen ergriffen werden?	Wo ist der Schüler in Gefahr, den Anschluss zu verlieren?	Welche Wahlangebote sollte der Schüler wahrnehmen, zu welcher Wahl ist anzuraten?	Welches Begabungs- und Fähigkeitsprofil deutet sich an?

1.3 Bezugsnormen der Leistungsbeurteilung

Quer zu der in den letzten drei Unterkapiteln entwickelten Systematik der verschiedenen Inhaltsebenen liegt die Frage nach den Bezugsnormen jeder Leistungsbeurteilung, die vor einem resümierenden Fazit noch zu klären ist:

Leistung per se gibt es nicht. Leistungen müssen definiert werden und lassen sich je nach Situation immer nur in Bezug auf eine Norm bestimmen. Unterschiedliche Maßstäbe prägen das Urteil, ob etwas schlecht oder gut ist. Folgende drei Bezugsnormen bilden die möglichen normativen Grundlagen für die Bewertung von Schülerleistungen:

1.3.1 Individualnorm – individuelle Bezugsnorm

Für und über einen bestimmten Zeitraum wird der individuelle Lernzuwachs eines Schülers erfasst. Individuelle Leistungen werden bewertet und geben dem Schüler Rückmeldung über seinen persönlichen Lernstand. So kann der Schüler die Entwicklung seines eigenen Lernfortschritts erfassen. In der Regel erfolgen diese Beurteilungen in Form von mündlichen Rückmeldungen oder durch Lernentwicklungsberichte (Grundschule, IGS, Waldorfschule ...). Der Schüler wird nicht mit anderen verglichen und kann optimal in seinem Lernverhalten bestätigt oder individuell gefördert werden. Fehler bieten eine Chance zum Lernen und zur Entwicklung neuer Lernstrategien, allerdings nur unter der Voraussetzung, dass Prozesse dokumentiert und reflektiert werden. Das Portfolio und das Lerntagebuch sind dazu geeignete Instrumente.

1.3.2 Sachnorm – kriteriumsorientierte Bezugsnorm

Die Beurteilungen der Lernleistungen nach Fach- und Sachaspekten sind gültiges Schulrecht. Die Lernziele der Unterrichtsfächer bilden die Grundlage der Zensierung. Entsprechend den Notenstufendefinitionen hat ein Schüler die Anforderungen erfüllt oder auch nicht. Die Noten beziehen sich (entsprechend den RRL und Schulcurricula) auf das Erreichen der fachspezifischen Lernziele. Soziale Lernziele werden bei der Zensierung nicht berücksichtigt.

Die Erweiterung der Lern- oder Kompetenzfelder hat den Begriff „Sachnorm" veralten lassen. Kriterien und Normen können auch aus sozialen oder methodischen Lernfeldern definiert werden. Für die Messung und Bewertung gibt es noch wenig Routine. Probleme bereiten insbesondere die klare Beschreibung der Leistung und deren Erfassung. Hier ist Entwicklungsbedarf und Unterstützung nötig.

Die Zensierung sollte unabhängig von Gruppenleistungen erfolgen. Sie gibt Rückmeldung darüber, ob ein Schüler seine bisherigen Lernanstrengungen noch verbessern sollte oder nicht. Hier stellt sich die Frage, ob das wirklich mit Hilfe einer Notenskala angemessen gelingt. Vermutlich ist der Lernbericht die bessere Variante. Er generiert für die alltägliche Unterrichtspraxis die folgenden Fragen:

- Was soll geleistet werden?
- Warum soll es geleistet werden?
- Wie soll es geleistet werden?
- Wer muss was leisten?
- Welche Bezugsnorm gilt für die Bewertung?

Nur die erste und die letzte Frage besitzen Relevanz für die Notengebung – anders als beim Lernbericht. So wird deutlich, dass die Form der Beurteilung auf den Unterricht zurückwirkt.

Bisher galt als Stärke der Lehrer die Orientierung an der Sachnorm. PISA hat gezeigt, dass gleiche Leistungen sehr unterschiedlich bewertet werden, selbst wenn man sie in der gleichen Schule misst. Die Fragen sind: Was führt dazu? Gehen andere Normen in die Bewertung ein oder sind die Messungen ungenau?

1.3.3 Sozialnorm – kollektive Bezugsnorm

Vierlinger (1999, S. 80) hat den Vorschlag gemacht, die soziale Norm als kollektive Norm zu bezeichnen, damit der positiv besetzte Ausdruck „sozial" von vornherein falsche Assoziationen vermeidet. Die schulischen Lernleistungen eines Einzelnen orientieren sich an den Leistungen einer Referenzgruppe. Sie werden innerhalb dieser Gruppe unter- und miteinander verglichen und bewertet. Im Regelfall bildet die eigene Klasse die Vergleichsgruppe bei der Notengebung. Die Schüler werden entsprechend ihrer erreichten Punktzahlen bei der Überprüfung in einer Rangreihe geordnet. Die Zuordnung von Noten zu einzelnen Punkten erfolgt dann in Anlehnung an die Gaußsche Normalverteilung.

Viele Schüler, Eltern und Lehrer empfinden diese Art der Beurteilung als gerecht – die meisten Schüler befinden sich im Mittelbereich –, auch wenn

z. B. der Lernfortschritt schwächerer Schüler so nicht angemessen bewertet werden kann. Vorgegebene Standards und einheitliche Anforderungen werden nur teilweise berücksichtigt, da kein Vergleich mit anderen Lerngruppen erfolgt. Die Form der komparativen Leistungsbewertung steht allerdings zumindest teilweise im Widerspruch zu den schulischen Normen und Gesetzen – so verbieten es z. B. die niedersächsischen Durchführungsbestimmungen zur Abiturprüfung explizit, Leistungen von Schülern miteinander zu vergleichen (auch wenn zwei oder drei Schüler direkt nacheinander eine mündliche Prüfung zum selben Thema ableisten). Es gibt aber noch einen schwerwiegenden Grund gegen diese Form der Bewertung: Eine Schulklasse stellt nichts weiter als eine kleine, zufällig zusammengewürfelte Testgruppe dar, deren Zusammensetzung nicht für standardisierte Tests geeignet ist. Erst bei extremen Abweichungen von der Normalverteilung – zu viele Gute oder zu viele Schlechte – wird diese hinterfragt.

Alle Bezugsnormen haben ihre Berechtigung. Was liegt näher, als sie alle zu berücksichtigen? Aber was so einfach klingt, lässt sich in der Praxis nur schwer umsetzen. Wir plädieren dafür, zwischen Bewertungen, die sich an der Sozialnorm, und Bewertungen, die sich an der Individualnorm orientieren, deutlicher zu trennen – sowohl was die Messung als auch die Form der Beurteilung angeht.

1.4   Fehlerquellen bei der Leistungsbeurteilung

Jede Art von Wahrnehmung, von Bewusstwerdung und von Beurteilung hängt von vielen subjektiven Faktoren ab bzw. wird von den unbewussten Voreinstellungen und Erwartungen des Beobachtenden beeinflusst. Im privaten Bereich sind diese Verhaltensweisen sicherlich für viele Gesprächssituationen eher förderlich, verbessern sie doch die Spontaneität der Kommunikation untereinander. Bei der Leistungsbeurteilung sind gerade diese Merkmale eher von Nachteil. Sie haben wenig mit Objektivität oder Transparenz zu tun, werden der Leistungsbeurteilung nur in Teilbereichen gerecht und behindern die Vergleichbarkeit der Beurteilungen. Gislinde Bovet und Volker Huwendiek haben in ihrem „Leitfaden Schulpraxis" (1998) aufgezeigt, welche subjektiven Fehlerquellen bei der Leistungsbeurteilung in der Schule auftreten können.

1.4.1 Der Einfluss von Vor- und Zusatzinformationen

In einer viel zitierten Untersuchung (Weiss 1971 b) wurde gezeigt, dass positive oder negative Zusatzinformationen über einzelne Schüler die Korrektur und Benotung von Arbeiten durch den Lehrer beeinflussen können – und das sogar in scheinbar so problemlos zu bewertenden Bereichen wie Rechtschreiben und Mathematik. Das hat enorme Bedeutung für die alltägliche Benotungspraxis, denn bei der Korrektur einer konkreten Arbeit weiß der Lehrer ja, ob es sich um das Heft eines Spitzenschülers, eines Sitzenbleibers, eines fleißigen oder eines häufig unaufmerksamen Schülers handelt. Auch hat er oft Zusatzinformationen über außerschulische Bedingungen. All dies kann die Korrektur beeinflussen. Man stelle sich beispielsweise vor, ein Lehrer weiß, dass der Vater eines Schülers Kollege, vielleicht sogar Fachkollege ist!

1.4.2 Der Einfluss von Sympathie und Geschlecht

In einer Untersuchung (Hadley 1971) wurde bestätigt, dass etliche Lehrer diejenigen Schüler, die ihnen sympathisch sind, zu günstig und die ihnen unsympathischen zu ungünstig benoten. Als Maß für die tatsächliche Leistung der Schüler diente das Ergebnis eines standardisierten Schulleistungstests. Allerdings hat sich in der Untersuchung auch gezeigt, dass sich Lehrer hierin stark voneinander unterscheiden. Während bei manchen die Noten extrem stark mit der Sympathieeinstufung korrelierten, gab es andererseits auch Lehrer, die in dieser Hinsicht völlig immun waren.

Häufig wird auch ein Befund berichtet, wonach bei objektiv gleicher Leistung Mädchen günstiger benotet werden als Jungen – und zwar von Lehrern wie von Lehrerinnen! In Befragungen geben die Lehrkräfte an, Mädchen im Vergleich zu Jungen als fleißiger, angepasster und ordentlicher wahrzunehmen.

1.4.3 Der Einfluss von subjektiven Theorien

Das pädagogische Überzeugungswissen eines Lehrers ist Teil seiner berufsbezogenen „subjektiven Theorie". Hinsichtlich einzelner Aspekte der Lehrertätigkeit können subjektive Theoriebestände in hohem Maße handlungsleitend sein. Im Falle der Schülerbeurteilung wird die Wahrnehmung und Einschätzung von Schülerleistungen oft sehr stark von ausgeprägten Überzeugungen über das Zustandekommen von Schulleistungsunterschieden be-

einflusst. Denn die allgemeine Tatsache, dass man bevorzugt das wahr-
nimmt, was man wahrzunehmen erwartet, führt häufig zu Beobachtungs-
verzerrungen und -einseitigkeiten. Beispiele für solche Grundüberzeugun-
gen sind etwa Sätze wie „Jungen sind sprachlich weniger begabt als
Mädchen" oder „Lateinklassen sind besser".

1.4.4 Halo-Effekt und logischer Fehler

Wenn von einem hervorstechenden Merkmal oder vom Gesamteindruck auf
andere, nicht direkt beobachtbare Merkmale geschlossen wird, spricht man
vom „Halo-Effekt". Das Leitmerkmal oder der vorherrschende Eindruck
überstrahlt gewissermaßen die anderen Merkmale. In Bezug auf die schulische Leistungsbeurteilung können solche Leitmerkmale von Schülern etwa die Mitarbeit, die Sprachfertigkeit, die Handschrift, die Heftführung und
die Ordentlichkeit, auch die Höflichkeit im Auftreten etc. sein.

Der logische Fehler ist verwandt mit dem Halo-Effekt und oft von diesem
kaum zu unterscheiden. Beim logischen Fehler wird von einem beobachte-
ten Merkmal auf ein anderes geschlossen, das als quasi logisch mit dem be-
obachteten verbunden angenommen wird. Logischer Fehler und Halo-Effekt sind Ausdruck der subjektiven Überzeugungen des Beurteilenden, also
seiner diesbezüglichen subjektiven Theorie. Weil sie sich auf Persönlich-
keitseigenschaften bezieht, spricht man hier auch von der „impliziten Per-
sönlichkeitstheorie" des Beurteilenden, zum Beispiel: „Wer sich gut aus-
drücken kann, kann auch klar denken", „Wer in Mathematik gut ist, hat
auch in Latein gute Noten", „Dummheit und Stolz wachsen auf einem Holz."

1.4.5 Stabile Urteilstendenzen

Untersuchungen haben ergeben, dass manche Lehrer bei der Notengebung
stabile Beurteilungstendenzen haben. Vom Milde- bzw. Strengeeffekt
spricht man, wenn ein Lehrer versucht, die Vergabe von sehr schlechten
bzw. sehr guten Noten zu vermeiden. Eine Tendenz zur Mitte liegt vor, wenn
ein Lehrer Extremausprägungen zu vermeiden versucht und stattdessen
mittlere Noten bevorzugt.

1.4.6 Reihenfolgeneffekte

Werden mehrere Beurteilungen nacheinander durchgeführt, können Rei-
henfolgen- und Positionseffekte auftreten. Bei aufeinander folgenden münd-

lichen Prüfungen etwa (beispielsweise im Abitur oder beim Abfragen mehrerer Schüler) kann es für die Note eines Schülers erhebliche Auswirkungen haben, wenn er unmittelbar nach einem sehr guten oder sehr schwachen Mitschüler geprüft wird. Die erste Note in einer Reihe von Prüfungen, das wissen alle, die häufiger mündliche Prüfungen abnehmen müssen, setzt meist den Maßstab, mit dem die nachfolgenden Prüfungsleistungen verglichen werden.

Bei der Bewertung schriftlicher Arbeiten kann man häufig feststellen, dass sich der Beurteilungsmaßstab im Laufe der Korrektur langsam, für den Lehrer selbst zumeist unbemerkt, verändert. Zunächst hat der korrigierende Lehrer nur seinen eigenen Erwartungshorizont, d. h. die Ideallösung, mit der er die Schülerantworten vergleicht. Im Verlauf der Korrektur sieht er immer mehr, was alles falsch gemacht werden kann, und wird vielleicht nachsichtiger in der Bewertung. Auch das Umgekehrte ist denkbar: Wenn beim Lehrer während der Korrektur die Befürchtung entsteht, die Arbeit könnte zu gut ausfallen, wird er möglicherweise unbewusst die Anforderungen erhöhen.

1.5 Gerechtigkeit und Chancengleichheit

1.5.1 Das Rasenmäherprinzip

Wenn Chancengleichheit so aufgefasst wird wie in der Karikatur, führt sie sich selbst ad absurdum. Aber: Kann es und darf es sein, dass Lehrer un-

Idee: Hans Traxler, Frankfurt

terschiedliche Bewertungsmaßstäbe anlegen? Dürfen Lehrer sozial benachteiligte Schüler, die z. B. kein eigenes Zimmer haben oder jeden Morgen Zeitungen austragen müssen, über die normalen pädagogischen Fördermaßnahmen hinaus (notfalls bis zum kostenlos erteilten Nachhilfeunterricht) kompensatorisch dergestalt unter die Arme greifen, dass sie für gleiche Leistungen verschiedene Noten geben? Auf den ersten Blick ist sicher jeder geneigt, diese Frage mit „nein" zu beantworten, denn so ein Vorgehen erscheint gerade deswegen als ungerecht und auch unrecht, weil es verschiedene Maßstäbe anlegt, mit zweierlei Maß misst. Dürfen Lehrer also niemals die individuellen Umstände einer Einzelsituation wertend ins Auge fassen? Fragen wir die Experten von der „Ständigen Konferenz der Kultusminister" (KMK):

> „Die Kultusministerkonferenz sieht es als zentrale Aufgabe an, die Qualität schulischer Bildung, die Vergleichbarkeit schulischer Abschlüsse sowie die Durchlässigkeit des Bildungssystems zu sichern. Bildungsstandards sind hierbei von besonderer Bedeutung. Sie sind Bestandteile eines umfassenden Systems der Qualitätssicherung ... Bildungsstandards beschreiben erwartete Lernergebnisse ..., die Schülerinnen und Schüler bis zu einer bestimmten Jahrgangsstufe an zentralen Inhalten erworben haben sollen. Bildungsstandards formulieren fachliche und fachübergreifende Basisqualifikationen, die für die weitere schulische und berufliche Ausbildung von Bedeutung sind und die anschlussfähiges Lernen ermöglichen. Die Standards stehen im Einklang mit dem Auftrag der schulischen Bildung. Sie zielt auf Persönlichkeitsentwicklung und Weltorientierung, die sich aus der Begegnung mit zentralen Gegenständen unserer Kultur ergeben ...
> (Bildungsstandards) beschreiben die fachbezogenen Kompetenzen einschließlich zugrunde liegender Wissensbestände, die Schülerinnen und Schüler bis zu einem bestimmten Zeitpunkt ihres Bildungsganges erreicht haben sollen. ...
> Die Zuordnung zu Anforderungsbereichen orientiert sich an den Einheitlichen Prüfungsanforderungen in der Abiturprüfung (EPA). ..."
>
> Quelle: Vereinbarung über Bildungsstandards für den Mittleren Schulabschluss (Jahrgangsstufe 10) (Beschluss der Kultusministerkonferenz vom 04.12.2003)

So weit, so gut – immerhin nennt die KMK Ziele wie „Persönlichkeitsentwicklung und Weltorientierung", und da kann doch vom Rasenmäherprinzip nicht ernsthaft gesprochen werden!

Wenn man allerdings genauer hinsieht, wird klar, dass die eigentliche Intention dieses Beschlusses über Bildungsstandards in der Implementierung von möglichst bundesweit (oder zumindest landesweit) einheitlichen und zentralen Leistungsüberprüfungen für den mittleren Bildungsabschluss besteht – es geht also keineswegs nur um die Aussortierung einer (gymnasialen) Elite! Mit diesem Beschluss, der dem allgemeinen Post-PISA-Trend im vom Bildungskatzenjammer befallenen Deutschland folgt, wird die vom Grundgesetz und den Länderschulgesetzen geforderte und geförderte (?) Chancengleichheit reduziert auf den Abgleich punktueller kognitiver Leistungen. Der Kern des KMK-Beschlusses ist – ungeachtet aller verbalen Euphemismen – die Prüfung, und die funktioniert nur dann „gerecht", wenn alle mit dem gleichen Kamm gekämmt, also formal gleich behandelt werden – genau das versteht man unter dem Rasenmäherprinzip. In anerkennenswerter Offenheit wird dieses Ziel in den Anfang 2004 erschienenen „curricularen Vorgaben für die Schuljahrgänge 5/6" des Niedersächsischen Kultusministeriums formuliert:

> „Die verbindlichen Vorgaben zielen auf die Möglichkeit landesweit einheitlicher Überprüfung. Entscheidend ist nicht die prozessuale Abfolge vorgegebener Lernziele und Inhalte ... , sondern der tatsächliche Kompetenzerwerb ..."

Quelle: Nds. Kultusministerium, Curriculare Vorgaben für das Gymnasium Schuljahrgänge 5/6, Hannover 2004, S. 7

1.5.2 Das Prinzip der individuellen Förderung

Gegen dieses Prinzip der formal gerechten Gleichbehandlung gibt es eine Reihe von gewichtigen Argumenten:

Die Objektivität von Prüfungen stellt notwendigerweise eine Reduktion und Verzerrung dar, weil sowohl in den Prozess der Leistungserbringung als auch in den der Beurteilung viele psychologisch-subjektive Faktoren hineinspielen, die ausgemerzt werden müssen, um Ergebnisse nicht zu verfälschen.

Die Vorstellung, dass dann, wenn Kollege A und Kollege B den gleichen Stoff im Unterricht behandeln, der Lernprozess und der Lernerfolg bei allen Schüler auch tatsächlich gleich sei, ist naiv: Zu unterschiedlich sind die Lehr- und Lernpersonen, zu unterschiedlich ist das soziale und das Lern-Klima, zu unterschiedlich sind letztlich auch die äußeren Bedingungen.

Anstrengungsbereitschaft und Mobilisierung unserer Lernenergien wie unserer Interessen sind von den positiven Rückmeldungen derer abhängig, auf deren Urteil wir etwas geben. (Selbst in Leistungskursen der gymnasialen Oberstufe haben wir die Erfahrung gemacht, dass Schüler „für den Lehrer" lernen!)

Das Lernpotenzial der Bezugsgruppe und ihr Verhaltensrepertoire entscheiden mit über die Lernmöglichkeiten und das Leistungsniveau jedes Individuums.

Die Vorstellung, Lehrer hätten wie Richter zu sein, um so objektiv, unparteilich und gerecht zu entscheiden, ist nicht haltbar.

> „Wie unterscheidet sich die Gerechtigkeit des Pädagogen von der des Richters?
> Die Klassenarbeit und das Zeugnis sind primär Instrumente der Förderung, denn wir sind Pädagogen, nicht Richter. Der Richter sieht mehr in die Vergangenheit und stellt fest, was gewesen ist; als Pädagoge sehe ich mehr in die Zukunft und bedenke, was werden kann. Er muss ein Verhalten als einen Fall z. B. von Fahrlässigkeit oder von Vorsatz erkennen, einordnen, abschließend bewerten und ein entsprechendes Strafmaß festsetzen. Dabei muss er auf Gleichbehandlung aller vor dem Gesetz bedacht sein. Als Pädagoge kann ich die Einmaligkeit und die Kostbarkeit, natürlich auch die Schwächen der mir anvertrauten Schülerin oder des mir anvertrauten Schülers viel mehr in das Zentrum meiner Aufmerksamkeit rücken; und meine erste Aufgabe – ohne Gesetzbuch im Hintergrund – ist, die Entwicklung dieses Individuums zu fördern, ihre oder seine Möglichkeiten zu entfalten. Die Gerechtigkeit des Pädagogen besteht also nicht so sehr in der Zuteilung genau der gleichen Anforderungen an alle wie in der unvoreingenommenen, genauen Beobachtung jedes einzelnen, ihrer oder seiner individuellen Voraussetzungen und Möglichkeiten, in der gleichen Zuwendung und im Finden der ihr oder ihm zuträglichen Lernaufgaben. Wenn schon die Bewertung von Schülerleistungen immer im Spannungsfeld steht zwischen den beiden Maximen ‚allen das gleiche' und ‚jedem das Seine', dann muss uns ... im Zweifel das Prinzip ‚jedem das Seine' wichtiger sein."

Quelle: DIETRICH ALBRECHT 1989

1.6 Notwendigkeit eines weiter gefassten Lern- und Leistungsbegriffs

Was kann eine neue Kultur der Leistungsbeurteilung nicht leisten?
Zwei wesentliche Aspekte sollten zumindest genannt werden:
1. Die Widersprüchlichkeit zwischen den Polen Selektion und Förderung, die die Schule strukturell kennzeichnet, lässt sich über die Leistungsbewertung nicht aufheben.

2. Intersubjektivität garantiert nicht absolute Gerechtigkeit.

Die Entwicklung muss auf die Interaktion und deren qualitative Umsetzung setzen. In den schülerorientierten Formen der Leistungsbeurteilung sind Konflikte nicht zu vermeiden. Sollten sie auch nicht, denn sie zeigen Unterschiede an, die sonst oft nicht wahrgenommen würden. So erhöht sich die Komplexität einer nicht immer bis ins Letzte planbaren Situation, in der sich Lehrer wie Schüler bewähren können, für die aber größtenteils noch Routinen geschaffen werden müssen, um unnötige Aufgeregtheiten vermeiden zu können. Diese Routinen können sich mit Blick auf Vorbereitung, Durchführung und Reflexion der Interaktion herausbilden.

Die im Folgenden skizzierten Überlegungen haben große Nähe zu Evaluationsverfahren, die ein wesentliches Element von Schulentwicklung sind. Selbstevaluation hat darin einen zentralen Stellenwert. Die Erfahrungen damit auf die Leistungsbeurteilung zu übertragen, kann diese voranbringen.

Die bisherige Bewertungspraxis in der Schule zeigt eindeutig, dass in erster Linie die Konzentration auf dem inhaltlich-fachlichen Lernbereich liegt – und das ist kein Zufall, denn dieser kann mit den traditionellen Bewertungsformen wie Tests, Klassenarbeiten und Klausuren, Referaten, Beteiligungsnoten etc. beurteilt werden. Die anderen Lernbereiche aber sind mit diesen Bewertungsmodalitäten nicht oder nur unzureichend erfassbar. Daher benötigen Schulen neue Formen der Leistungsbewertung, die über den sachlich-inhaltlichen Lernbereich hinausgehen und sowohl den methodischen als auch den sozialen und den persönlichen Lernbereich erfassen.

Hinter dieser Forderung steht die inzwischen auch auf der Ebene der Kultusbürokratie nicht mehr angezweifelte Erkenntnis, dass Schule in Zukunft mit einem weiter gefassten Lern- und damit auch Leistungsbegriff operieren muss, dessen Dimensionen in der folgenden Übersicht skizziert werden:

1.6.1 Die vier Dimensionen des Lern- und Leistungsbegriffes

Inhaltlich-fachlicher Lernbereich	Methodisch-strategischer Lernbereich	Sozial-kommunikativer Lernbereich	Persönlicher Lernbereich
wissen, kennen, beherrschen, anwenden können	aus Materialien Informationen entnehmen, exzerpieren, strukturieren, ordnen	zuhören, argumentieren, fragen, kooperieren	ein realistisches Eigenbild entwickeln und Selbstvertrauen gewinnen
verstehen, übertragen, erschließen, sich selbstständig auseinander setzen, ordnen, übertragen, transferieren	Lern- und Arbeitsprozesse planen, organisieren, gestalten, Arbeitsdisziplin wahren, Ordnung halten	sich in andere einfühlen, Signale wahrnehmen, integrieren, Konflikte lösen	die Fähigkeit zum Engagement entwickeln, (Selbst-) Kritikfähigkeit aufbauen
urteilen, begründen, reflektieren, problematisieren, erörtern	Entscheidungen treffen	Ergebnisse oder Prozesse präsentieren, Diskussionen und Gespräche leiten	Werthaltungen entwickeln

Diese vier Dimensionen des Leistungsbegriffes sind zunächst einmal als analytische Kategorien zu verstehen, d. h., sie lassen sich nicht einfach während des Unterrichts beobachten und zu einem Gesamtbild addieren, sondern verstehen sich in der Praxis als organische Einheit, die sinnvoll nur an den Kompetenzbegriff zu binden ist. Leistungen lassen sich am ehesten durch die Aufgaben voneinander unterscheiden, die ein Schüler zu lösen imstande ist.

Wenn Leistungsbewertung sich an einem erweiterten Leistungsbegriff orientieren will, müssen methodisch-strategische Kompetenzen in den Aufgaben explizit gefordert werden und in der Beschreibung der Bewertungskategorien enthalten sein. Explizit fordern bedeutet, dass das Vorgehen der Schüler in der Bearbeitung einer Aufgabe als Ergebnis einer Entscheidung erkennbar gemacht und mit Blick auf die Effektivität vom Schüler bewertet wird. Das Abwägen von Alternativen in der Planung oder Reflexion beweist ein hohes methodisches Kompetenzniveau. Sie voneinander abzugrenzen führt zu einer differenzierteren Bewertung bzw. Rückmeldung an den Schüler und zu mehr Transparenz. Hilbert Meyer (Kiper u. a. 2003) hat dafür ein Modell entwickelt, das fünf Kompetenzstufen nach dem Grad der Selbstständigkeit und der Reflektiertheit unterscheidet.

1.7 Notwendigkeit neu gefasster Kriterien für Beurteilungen

1.7.1 Grundlegende Ansprüche an die Leistungsbewertung

Objektivität (viele Wissenschaftler sprechen heute lieber von „Intersubjektivität") bedeutet, dass verschiedene Bewerter unabhängig voneinander zum exakt gleichen Ergebnis kommen. Was für wissenschaftliche Experimente aber wünschenswert und notwendig sein mag, ist für schulische Bewertung nicht so ohne weiteres postulierbar!

„Objektivität (dies hieße: Alle Lehrkräfte stimmen bei der Beurteilung einer Arbeit oder eines Schülermerkmals perfekt miteinander überein) ist nicht automatisch gleichbedeutend mit Korrektheit und sachlicher Richtigkeit; es gibt auch die Möglichkeit kollektiven Irrtums, z. B. wenn bei der Beurteilung der Intelligenz eines Schülers das Merkmal ‚Intelligenz' mit ‚Kreativität' verwechselt wird." (Helmke 2003, S. 87) Ziel schulischer Leistungsbewertung kann nur sein, die unkontrollierte Subjektivität zugunsten einer kontrollierten und transparenten Leistungsbewertung möglichst weit zurückzudrängen. Dies kann geschehen durch eine möglichst präzise Formulierung von Kriterien, durch eindeutige Binnengewichtungen und rechtzeitig vorher diskutierte Musterlösungen oder Erwartungshorizonte – auch und gerade bei offenen Aufgabenstellungen wie bei Deutschaufsätzen.

Reliabilität bedeutet Zuverlässigkeit. Die angewendeten Beurteilungskriterien und -verfahren müssen die zu beurteilenden Merkmale auch wirklich korrekt messen – und nicht etwas ganz anderes (vgl. den Abschnitt über Fehlerquellen, siehe S. 34 ff.). Die Reliabilitätskontrolle, die die Wissenschaft vorschlägt, ist leider im schulischen Alltag recht aufwändig bzw. kaum zu realisieren: „Reliabel ist ein Urteil dann, wenn es sich – vorausgesetzt, das zu beurteilende Schülermerkmal bzw. die Schülerleistung ist im Zeitverlauf stabil geblieben – bei wiederholten Beurteilungen nicht ändert. Probe aufs Exempel: wiederholte Korrektur und Bewertung der gleichen Serie von Arbeiten (Aufsätze, Klassenarbeiten, Hausarbeiten) einige Monate später." (Helmke 2003, S. 87)

Dennoch muss als ernsthafter Anspruch an jeden einzelnen Leistungsmessungsprozess die Frage gestellt werden, ob die gewählten Verfahren sachangemessen sind und wirklich das messen, was gemessen werden soll. Dabei gilt der Grundsatz, dass die Anzahl der unabhängig voneinander gestellten Einzelaufgaben zu einem bestimmten Lernziel oder -bereich die Reliabilität erhöht. Hans-Gert Wengert gibt ein gutes Beispiel: „Wenn ein Deutschlehrer überprüfen will, ob seine Schüler verlässlich zwischen ‚das' und ‚dass' unterscheiden können, ist ein herkömmliches Diktat, in dem diese Unterscheidung nur drei- oder viermal getroffen werden muss, weniger reliabel als ein Lückentext, in dem die Schüler an 15 – 20 Stellen ihre Entscheidung eintragen müssen." (Wengert, in: Bovet/Huwendiek 1998, S. 282)

Validität bedeutet Gültigkeit: Ein Untersuchungsverfahren ist dann gültig, wenn es den zu messenden Gegenstand exakt misst und nichts anderes und sich das Urteil auch tatsächlich auf die Leistung bezieht, die gemessen werden sollte. Wenn ein Lehrer z. B. seine Klassenarbeiten so mit Stoff überlädt, dass ein guter Teil der Lerngruppe es einfach nicht schafft, alle Aufgaben in der vorgegebenen Zeit zu bearbeiten, wird ein wesentlicher Bestandteil der zu erbringenden Leistung völlig fachfremd sein – es geht dann nämlich nicht mehr nur um z. B. das Lösen von quadratischen Gleichungen, sondern genauso um Schnelligkeit! Das eigentlich beabsichtigte Testziel – die Überprüfung des Lernstandes der Schüler – wird so verfälscht. In den folgenden Abschnitten werden wir die Möglichkeiten erläutern, Validität durch gemeinsame Absprachen und „Arbeitsbündnisse" innerhalb der Schule herzustellen bzw. zu verbessern.

1.7.2 Notwendigkeit neu gefasster Gütekriterien für Beurteilungen

Unterrichtsverfahren, -methoden und -arrangements, die prozessorientiert die drei „neuen" Aspekte (methodisch-strategisch, sozial-kommunikativ, persönlich) der Leistungsbeurteilung integrieren wollen, sind per se (ergebnis-) offener und flexibler als traditionelle Lehr-/Lernarrangements. Dies bedeutet aber auch zwingend:

- Die Normen und Standards der Leistungsbewertung dürfen nicht a priori festgesetzt werden, sondern können (bzw. müssen) sich mit dem Lern- und Arbeitsprozess ändern, wenn sie sich im Laufe des Beurteilungsverfahrens als nicht brauchbar erweisen. Je offener die gewählte Unterrichtsform, desto gewichtiger diese Flexibilität, z. B. im projektorientierten Unterricht.

- Diese Normen und Standards müssen selber immer kritisch beleuchtet und reflektiert werden, also selbst Gegenstand des Unterrichts und – last but not least – schulischer Absprachen, Konferenzbeschlüsse etc. werden.

Nicht nur der Lehrer bzw. die Schule gibt die Maßstäbe des Beurteilungsverfahrens vor, sondern diese werden in einem gemeinsamen, dialogischen Prozess immer wieder überarbeitet, *kommunikativ validiert*. Widerspruch und Kritik der Schüler sind also nicht als Störquelle, sondern im Gegenteil als Möglichkeit und Chance zu verstehen, zu gemeinsamen Kriterien zu gelangen. Das kostet Zeit, denn die konkrete unterrichtliche Sach- oder Handlungsebene muss immer wieder verlassen werden, um darüber reflektieren zu können. Insbesondere dann, wenn aus der Reflexion erkennbar Konsequenzen für die folgenden Handlungsphasen gezogen werden, wird dieser Zeitverlust mehr als wieder aufgewogen.

Es gibt einen Gewinn an *Transparenz* der Schüler ihren eigenen Leistungen gegenüber, aber auch der Lehrer im Kontakt zu Eltern, Kollegen und der Aufsichtsbehörde.

1.7.3   Kommunikative Validierung in der Schule

Beide Schlussfolgerungen, die wir eben skizziert haben, können auch von einer einzelnen Lehrkraft gezogen und in die Praxis umgesetzt werden, wozu wir an dieser Stelle alle Kollegen ausdrücklich ermuntern möchten! Aber einfacher geht es doch immer im Team – und das muss ja nicht gleich ein Gesamtkonferenzbeschluss der Schule sein! Absprachen und Aktivitäten können auf unterschiedlichen Ebenen stattfinden: gemeinsam im Fach, in einer Jahrgangsstufe, zwei oder mehr Parallelklassen in einem oder mehreren Fächern etc. Je mehr eine Schule sich dem je schulspezifischen Schulentwicklungsprogramm verschreibt, desto breiteren Raum werden diese Formen von kommunikativer Validierung auch der Leistungsbeurteilung einnehmen (müssen), und desto entlasteter (auch gegenüber Eltern und Schulaufsicht) kann der einzelne Kollege diese neuen Formen der Bewertung praktizieren.

1.7.4 Kommunikative Validierung zwischen Schülern und Lehrer

Die in den oben angesprochenen Metaphasen zu treffenden Vereinbarungen sind selbstredend nicht das Produkt von völlig gleichberechtigten Partnern. Den letztendlichen Zwang zur Notengebung und damit auch zur Zuweisung von Sozialchancen kann auch die kommunikative Validierung von Leistungsnormen nicht abschaffen. Diese Metaphasen sind also nicht durch die symmetrische Kommunikation gleichberechtigter Partner gekennzeichnet. Dennoch gibt es eindeutig benennbare *Gütekriterien für die Reflexionsphasen*. Hans-Ulrich Grunder und Thorsten Bohl (2001, S. 46) nennen fünf:

1. Information und Diskussion des konkreten Beurteilungsverfahrens
In der Regel werden Lehrer ihre Überlegungen hinsichtlich Verfahren und Kriterien der Beurteilung vorstellen. Diese Überlegungen, die nun vor einer konkreten Anwendung stehen, werden detailliert erläutert und gemeinsam diskutiert.
2. Offenheit für Änderungen
Änderungsvorschläge und Verbesserungen, die aufgrund dieser Diskussion entstehen, sind soweit wie möglich einzuarbeiten.
3. Beteiligung
Bei zunehmender Erfahrung und mit zunehmendem Alter können Schülerinnen und Schüler selbst bei der Erstellung der Kriterien mitwirken und Beurteilungen durchführen, z. B. mittels Beobachtungen, als Schülermitbeurteilung.
4. Detailverständnis
Schülerinnen und Schüler müssen im Detail verstehen, welche Leistung sie erbringen müssen, um die einzelnen Beurteilungskriterien zu erfüllen. Dies setzt detaillierte Überlegungen der Lehrkraft voraus, wie die jeweiligen Kriterien feststellbar sind, wie sie bewertet werden und ob sie für Schülerinnen und Schüler verständlich (formuliert) sind, also ihren sprachlichen Möglichkeiten entsprechen.
5. Reflexion
Während des Unterrichts- und Beurteilungsprozesses werden immer wieder Reflexionsphasen eingefügt, sodass regelmäßig und gemeinsam über diesen Prozess nachgedacht und reflektiert werden kann. Unklarheiten können dann beseitigt, notwendige Veränderungen eingebracht und Erkenntnisfortschritte ermöglicht werden.

2. Anforderungen an eine transparente und gerechte Leistungsbeurteilung

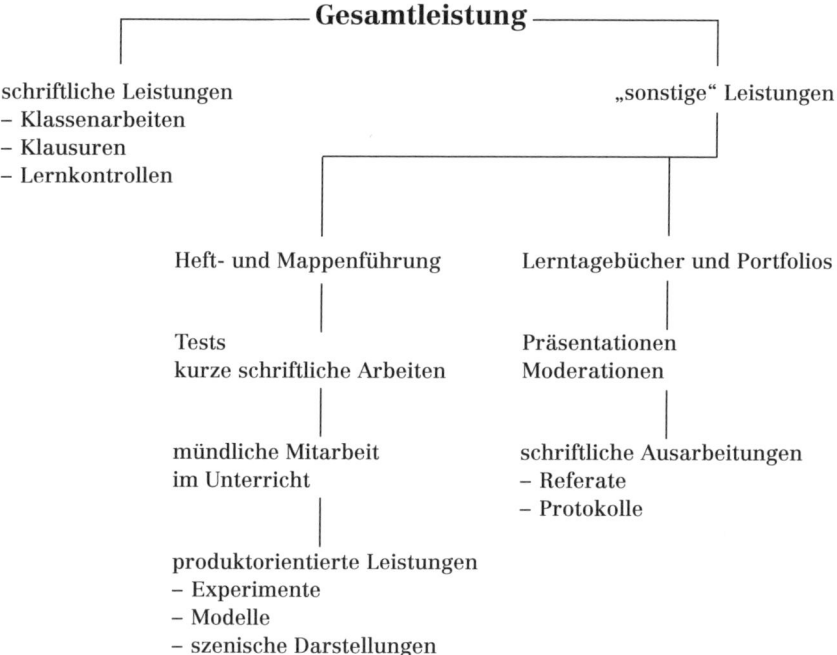

Leistungspuzzle: die Einzelleistungen, aus denen sich die Gesamtleistung eines Schülers zusammensetzt

Alles das, was Schüler in offiziellen Klassenarbeiten bzw. Klausuren produzieren, gilt als *schriftliche (Prüfungs-) Leistung.* Anzahl, Dauer und Art der schriftlichen Arbeiten sind durch Rahmenrichtlinien, curriculare Vorgaben oder sonstige Erlasse und Verfügungen für alle Fächer, Jahrgänge und Schulformen und -stufen jeweils landeseinheitlich geregelt. Alle Leistungen, die nicht im Rahmen von Klassenarbeiten bzw. Klausuren erbracht werden, gelten als *„sonstige" Leistungen.* Die Nomenklatur ist hier weder bundesweit noch schul- und fächerspezifisch einheitlich, synonym werden Begriffe benutzt wie „nichtschriftliche", „allgemeine" oder auch „fachspezifische" Leistung. Wir haben uns für den Begriff „sonstige" Leistung entschieden, weil er der umfassendste ist. Wer hier „mündliche" Leistungen als Pendant zu „schriftlichen" Leistungen erwartet hat, wie in der schulischen Praxis eher üblich, wird auf später vertröstet. Wir haben die mündlichen als Teil der sonstigen Leistungen beschrieben.

Das Verhältnis der Anteile von schriftlichen zu sonstigen Leistungen bei der Zeugnisnote ist meist durch Rahmenrichtlinien, Lehrpläne oder entsprechende andere amtliche Vorgaben mit verbindlichem Charakter festgelegt. Häufig allerdings finden sich Bandbreiten, in denen die Fachkonferenz bzw. der einzelne Kollege entscheiden kann. In Niedersachsen z. B. gibt es in der gymnasialen Oberstufe die Möglichkeit, für alle Fächer das Verhältnis schriftlicher zu sonstiger Leistungen innerhalb eines „Korridors" festzulegen: Das Schriftliche darf höchstens 66 % und muss mindestens 50 % ausmachen. Da wir der Überzeugung sind, dass den (verhältnismäßig wenigen) punktuellen Leistungsüberprüfungen in Form von Klassenarbeiten bzw. Klausuren ohnehin zu viel Gewicht beigemessen wird, raten wir dazu, vorhandene Bandbreiten zugunsten einer Aufwertung der sonstigen Leistungen auszunutzen.

Dies mit den Schülern zu Beginn eines Schuljahres zu vereinbaren, ist nicht nur ein Gebot der Fairness. Es kann helfen, die Lernstrategien zu optimieren und den Stress bei punktuellen Überprüfungen zu reduzieren. Die Schüler wären angesichts der klar definierten Anforderungen in der Lage, ihre Stärken besser zu orten und auch ihre Defizite klarer zu benennen. Hier könnte der Ansatz für eine gezielte Förderung schon früh gefunden werden.

Nicht alle der oben in der Übersicht genannten Formen der sonstigen Leistungen kommen in jedem Fach, jeder Altersstufe und Schulform überhaupt vor – so wird z. B. die Kontrolle der Heft- und Mappenführung in der gymnasialen Oberstufe überhaupt keinen oder nur einen sehr geringen Stellenwert einnehmen. Lernjournale oder Lerntagebücher könnten an die Stelle treten. Zum anderen verfahren Lehrpläne, Rahmenrichtlinien und andere amtliche Vorgaben hier sehr unterschiedlich: Die Bandbreite reicht von einer sehr genauen Auflistung und vorgegebenen Quantifizierung „fachspezifischer" Leistungen bis zur völligen Ignoranz der unterschiedlichen Dimensionen der sonstigen Leistungen.

Für die meisten Fächer, Schulstufen und -formen dürfte der Bereich „mündliche Mitarbeit im Unterricht" aber klar der wichtigste sein und – um eine ungefähre Quantifizierung zu geben – mit mindestens 50 % in die sonstige Leistung eingehen. Dabei sind Unterrichtssituationen vorstellbar, in denen dieser Bereich mit 80 bis 100 % gewichtet wird – in diesen Fällen ist die sonstige dann tatsächlich (fast) deckungsgleich mit der mündlichen Leistung.

Die anderen oben genannten Bereiche der sonstigen Leistungen sollten entsprechend weniger gewichtet in die Gesamtleistung eingehen – je nach Altersstufe etc. etwa zwischen 10 bis 25 %.

Eine besondere Aufmerksamkeit verdienen u. E. die schriftliche Ausarbeitung und die mündliche Präsentation von Referaten sowie alle weiteren freiwilligen Zusatzleistungen: Sind Referate, Protokolle etc. Pflichtbestandteil des Unterrichts, wie dies in Hauptfächern der oberen Sekundarstufe I und in Leistungskursen meistens der Fall ist, werden ihre schriftliche Ausarbeitung wie ggf. die mündliche Präsentation prozentual anteilig in die sonstige Leistung eingehen.

Bilden sie allerdings freiwillige Zusatzleistungen, sollten sie die Gesamtnote nur verbessern, aber nicht verschlechtern können.

Auch bei Tests und kurzen schriftlichen Arbeiten hat unser Bildungsföderalismus für eine ebenso unübersichtliche wie uneinheitliche Praxis gesorgt, die noch dadurch verstärkt wird, dass viele Kollegen sie mit Klassenarbeiten gleichsetzen, was aber in den meisten Fällen rechtlich nicht korrekt ist!

In der *inhaltlichen Gestaltung*, den *Ansprüchen* an diese Gestaltung und den *Grundsätzen der Korrektur* unterscheiden sich Tests nicht prinzipiell von den Klassenarbeiten/Klausuren und werden deshalb in den entsprechenden Abschnitten nicht mehr explizit erwähnt. In der Gewichtung und Bedeutung aber gibt es Unterschiede:

- Tests dauern meist nicht länger als eine halbe Schulstunde.
- Sie beziehen sich nur auf ein sehr überschaubares Stoffgebiet (häufig nur die letzte Stunde).
- Sie beziehen sich nur auf den Anforderungsbereich 1 (vgl. S. 51).
- Sie brauchen nicht angekündigt zu werden.
- Sie dürfen nicht zu den schriftlichen Leistungen gezählt werden.

2.1 Transparenz der alltäglichen Leistungsbewertung

2.1.1 Transparenz für schriftliche Leistungen (Klassenarbeiten und Klausuren)

Formale Korrektur

Die Korrektur der Klassenarbeiten und Klausuren soll den Schülern Hinweise auf Fehler geben, um für die Zukunft Strategien zur Vermeidung ähnlicher Fehler zu entwickeln. Folgende formale *Korrekturzeichen* können in allen Klassenstufen verwendet werden:

Beziehungsfehler	Bz
Satzbaufehler	Sb
Grammatikfehler	Gr
Streichung von Überflüssigem	[-]
Einschub von Fehlendem	V
Ausdrucksfehler	A
Wortwahlfehler	W
Wiederholungsfehler	Wdh
Rechtschreibfehler	R
Zeichensetzfehler	Z

Die Fehler können verschiedenen Kategorien zugeordnet werden: Die Korrekturzeichen Bz, Sb, [-], V, A, W, Wdh beziehen sich hauptsächlich auf die Form der Darstellung in der Klausur. Sie werden bei der Bewertung der darstellerischen Leistung berücksichtigt. Die Fehler R, Z, Gr beziehen sich auf die sprachliche Form der Klausur. Gehäuftes Auftreten führt zu Punktabzug.

Die Korrekturzeichen erleichtern eine erste quantitative Fehleranalyse in einer Arbeit. Wenn die Fehlerhäufigkeit systematisch dokumentiert wird, können Entwicklungen entdeckt und unterstützende Maßnahmen frühzeitig eingesetzt werden. Das wird selten gemacht, könnte aber zu einer ersten Datenbasis für die Beschreibung der individuellen Entwicklung eines Schülers führen. Auch Schüler selbst sind in der Lage, die Dokumentation dieser Daten zu übernehmen. Damit würden sie ihre Selbsteinschätzung datenorientierter und verantwortlicher vornehmen. Denn wir haben die Erfahrung gemacht, dass kaum ein Schüler eine differenzierte Wahrnehmung gegenüber seinen Fehlern hat, weder in Bezug auf seine Fehlertypen noch auf die Fehlleistungen, die zu diesen Fehlern geführt haben. Auch die Lehrer legen wenig Wert auf eine Fehleranalyse, sondern geben sich in den meisten Fällen mit der punktuellen Korrektur zufrieden.

Inhaltliche und methodische Aufgabenprofile
Der folgende Kriterienkatalog ist allgemein anerkannt und deckt sich im Wesentlichen mit den Vorstellungen der KMK über einheitliche Prüfungsanforderungen für Schulabschlüsse. Er muss jeweils altersangemessen abgestuft werden. Ein komplexer Text z. B. bedeutet selbstredend in der Klasse 5 etwas ganz anderes als in der gymnasialen Oberstufe!

Gängig – und wie wir denken, auch sinnvoll – ist die grundsätzliche Aufteilung der schriftlich zu erbringenden Leistungen in drei Bereiche:

Der *Anforderungsbereich I* umfasst die Wiedergabe von Sachverhalten aus einem abgegrenzten Gebiet im gelernten Zusammenhang und die Verfügbarkeit der notwendigen inhaltlichen und methodischen Kenntnisse in einem begrenzten Gebiet und einem wiederholenden Zusammenhang. Dazu gehören:

Kennen
– von Darstellungsformen (z. B. Textart, Karte, Grafik, Skizze, Statistik, mathematische Formen),
– von Arbeitstechniken und methodischen Arbeitsschritten,
– einer angemessenen Fachterminologie,
– der angemessenen Sprachnorm.
Wiedergeben von
– Grundtatsachen,
– fachwissenschaftlichen Begriffen und Kategorien,
– Ereignissen und Prozessen,

- Strukturen und Ordnungen,
- Normen und Konventionen,
- Theorien, Klassifikationen, Modellen.

Erkennen des der Aufgabenstellung zugrunde liegenden Themas, des Hauptgedankens, der Problemstellung,

Verbinden der eigenen Kenntnisse und Einstellungen mit dem Thema, dem Hauptgedanken, der Problemstellung.

Der *Anforderungsbereich II* umfasst das selbstständige Erfassen und Einordnen bekannter Sachverhalte, das Strukturieren und gedankliche wie sprachlich angemessene Be- und Verarbeiten dieser Sachverhalte sowie das selbstständige Anwenden und Übertragen des Gelernten auf vergleichbare Sachverhalte.

Dazu gehören:

Anwenden von sachadäquaten Methoden
- bei der Untersuchung von Sachverhalten (z. B. Erfassen des Sinngehalts längerer und komplexer Texte, differenziertes Erfassen des Hauptgedankens), bei der Übertragung in andere Darstellungsformen (z. B. bei text- oder aufgabenübergreifenden Bezügen),
- bei der Erschließung von Arbeitsmaterial (z. B. Anwendung textanalytischer oder mathematisch-algorhythmischer Kenntnisse),
- bei der selbstständigen Auseinandersetzung mit neuen Fragestellungen. (z. B. Übertragen von inhaltlichen und methodischen Kenntnissen auf neue Sachverhalte),

selbstständiges Erklären und Anwenden einfacher und komplexer Sachverhalte,

Verarbeiten und Ordnen,

Anwenden des Gelernten und Verstandenen,

Untersuchen bekannter Sachverhalte mit Hilfe neuer Fragestellungen,

Verknüpfen erworbener Kenntnisse und Einsichten mit neuen Sachverhalten,

Analysieren neuer Sachverhalte.

Der *Anforderungsbereich III* umfasst das planmäßige Verarbeiten und die eigenständige Reflexion komplexer Gegebenheiten mit dem Ziel, zu selbstständigen Begründungen, Folgerungen, Deutungen und Wertungen zu gelangen und eigene Lösungsansätze zu entwickeln.

Dazu gehören:

- problembezogenes Denken, Urteilen, Begründen,
- gezielte Nutzung des speziellen Fachwissens,
- Formulierung begründeter Folgerungen aus Texten oder sonstigen Arbeitsmaterialien,
- Begründung eines selbstständigen Urteils,
- Aufzeigen von Alternativen,
- Erkennen von Bedeutung und Grenzen des Aussagewertes von Informationen,
- Reflektieren von Normen, Konventionen, Zielsetzungen und Theorien,
- Problematisieren von Sachverhalten durch selbstständig entwickelte Fragestellungen, Entwickeln von Vorschlägen,
- Erörtern von Hypothesen und Überprüfen auf ihre Realisierungsbedingungen,
- kritische Untersuchung und reflexive Distanz zum eigenen Vorgehen,
- Entwicklung einer eigenständigen gedanklichen und sprachlichen Darstellung,
- Methodenbeurteilung,
- Erörtern möglicher methodischer Schritte,
- Begründen des eingeschlagenen Lösungsweges,
- Überprüfen von Methoden auf ihre Leistung für die Aufschließung von Sachverhalten und im Hinblick auf immanente Wertungen und Auswahlkriterien,
- Überprüfen von Darstellungsformen auf ihre Aussagekraft.

Allgemeiner Korrekturbogen
Darüber hinaus haben wir gute Erfahrungen damit gesammelt, die folgenden *inhaltlichen Korrekturzeichen* zu verwenden (den Schülern wird das nachfolgende Arbeitsblatt vor der ersten schriftlichen Arbeit verteilt und erläutert). Dieser Korrekturbogen spart enorm viel Schreibarbeit und macht zudem die Korrektur transparenter:

Liebe Schülerinnen und Schüler,
die links in der Tabelle stehenden Abkürzungen stehen jeweils für die rechts erläuterten Sachverhalte! Ich werde sie in der Korrektur der Arbeit benutzen und jeweils mit unserem „normalen" Notenschema werten: also 1 = sehr gut, 2 = gut bis 6 = ungenügend.

R Ta	Der Grad der sachlichen Richtigkeit der Textauswertung – die aufgestellten Behauptungen sind in Einklang mit bzw. in Widerspruch zum Wortlaut oder Sinn des Textes.
V Ta	Der Grad der Vollständigkeit der Textauswertung – die Hauptgedanken des Textes sind erfasst, bzw. wesentliche Gesichtspunkte bleiben verborgen.
G Ta	Genauigkeit der Textauswertung – die Sinnabschnitte des Textes werden genau erfasst, oder der Text wird stark vereinfacht.
B Ta	Eigene Überlegungen werden durch Textbelege gestützt bzw. nicht untermauert
L Ta	Die Reihenfolge der Gedanken und Argumente ist in sich logisch, oder sie ist ungeordnet und nicht folgerichtig
Au Ta	Bezug zur Aufgabenstellung – die Aufgabe wird gelöst, oder die Bearbeitung geht an der Aufgabenstellung vorbei.
Sp Ta	Angemessener Sprachgebrauch – die Gedankengänge des Textes werden zutreffend und genau erfasst, oder die Wiedergabe verfälscht bzw. entstellt den Text.
A Ta	Veranschaulichung durch Beispiele und Vergleiche – die eigenen Überlegungen sind mit Beispielen und Vergleichen erläutert, bzw. die Erläuterung fehlt.

Die Noten zu den einzelnen Aufgaben werden schriftlich begründet, dabei werden die Randnotizen und -kommentare einbezogen. Die Vor- und Nachteile der Klausur werden kommentiert.

Inhaltsbezogener Korrekturbogen
Noch einen Schritt weiter in Richtung auf Transparenz und gleichzeitige Effektivierung der Korrekturarbeit gehen *inhaltsbezogene Korrekturbögen*. Immer wieder muss man bei der Korrektur einer Schülerarbeit nachsehen, ob und wie man die gleiche Sache in einer anderen Arbeit kommentiert hat. Diese Suche ist zeitaufwändig und mitunter vergebens. Oft merkt man auch nicht, dass man auf den gleichen Fehler verschieden reagiert hat. Für häufig wiederkehrende inhaltliche Fehler empfiehlt sich daher ein einheitlicher Kommentar, den man als Korrekturbogen den Schülern aushändigt.

Der entsprechende Fehler bekommt einen Buchstaben auf dem Korrekturbogen, im Heft findet der Schüler nur den gleichen Buchstaben und eine Note von 1 bis 6 und holt sich aus dem Korrekturbogen den Kommentar. Das hat – neben der Einheitlichkeit der Kommentierung und der Arbeitsersparnis – zwei weitere Vorteile: Wenn man einen solchen Korrekturbogen anlegt, wird man sich als Lehrer schnell klar darüber, worauf es bei der gestellten Aufgabe ankommt, was man hier falsch machen konnte, bzw. was am häufigsten falsch gemacht wurde. Die Schüler bekommen ebenfalls diesen Überblick, können leicht erfassen, welche Bewertungskriterien der Lehrer hatte, welche Fehler sie gemacht, welche sie vermieden haben. Man braucht als Lehrer nur – ehe man die erste Schülerarbeit korrigiert – eine Reihe von Arbeiten zu lesen, sich die Standardfehler zu beziffern und auf einem Zettel zu kennzeichnen. Diese Liste kann man während der weiteren Korrekturarbeit verlängern, sobald man weitere Fehler findet, die man auf dem Korrekturbogen kommentieren will. Grundsätzlich möglich ist es aber auch, im Unterricht nach der Klassenarbeit mit den Schülern gemeinsam – z. B. in einem fragend-entwickelnden Unterrichtsgespräch – solch einen Bogen zu entwickeln.

Ein inhaltsbezogener Korrekturbogen ist dann nicht sinnvoll, wenn es in der Klassenarbeit um rein formale Anforderungen geht – also eine Mathematikarbeit in der Mittelstufe, ein Deutschdiktat oder eine Klassenarbeit im Fremdsprachenanfangsunterricht. Aber immer dann, wenn es um die Arbeit an und mit Texten geht – seien sie literarischer oder sachlicher Natur –, wird der Korrekturbogen die Arbeit erleichtern, das gilt für Textwiedergaben ebenso wie für Texterläuterungen, Erörterungen, Vergleiche, Stellungnahmen, produktionsorientierte Aufgaben etc.

Als Beispiel soll hier ein inhaltlicher Korrekturbogen zum Thema „Deutsch: Nacherzählung" in einer fünften Klasse vorgestellt werden. Der zugrunde gelegte Text war „Der kluge Anstreicher" von Mark Twain (siehe Literaturverzeichnis). Die Textform „Nacherzählung" wurde in den vorhergehenden Stunden mit Hilfe der unten folgenden Checkliste, die die Schüler auch während der Arbeit benutzen durften, eingeübt und an Beispielen vertieft.

Checkliste zur Nacherzählung
Zweck:
- Die Nacherzählung muss verständlich für denjenigen sein, der die Originalgeschichte nicht kennt.
- Der Inhalt soll mit eigenen Worten wiedergegeben werden.
- Ihr Ziel ist es, den Leser zu interessieren, ihn betroffen und/oder nachdenklich zu machen, und – falls die Geschichte es zulässt – ihn zu unterhalten.
- Sie soll die Handlung möglichst genau wiedergeben und so ausführlich wie für das Verständnis nötig sein.

Zur Technik:
- Man darf zur ursprünglichen Geschichte nichts hinzuerfinden.
- Die Reihenfolge der Erzählschritte darf nicht verändert werden.
- Nebensächlichkeiten sollten stark gekürzt werden.
- Aber: Alle für das Verständnis der Geschichte wichtigen Dinge müssen dargestellt werden, dies gilt insbesondere für den oder die Höhepunkte.
- Wörtliche Rede muss in der Nacherzählung unbedingt als belebendes, die Spannung steigerndes Mittel eingesetzt werden.
- Erzählzeit ist immer die Vergangenheit (Präteritum).

Korrekturbogen zur Nacherzählung von Mark Twains Geschichte „Der kluge Anstreicher"

A: Tom hat an einem wunderschönen Sommertag eine Strafarbeit bekommen und ist entsprechend schlecht gelaunt – das muss deutlich werden (innere Handlung!).

B: Tom versucht, Jim zu bestechen – das klappt auch fast, aber Jim hat zu viel Angst vor Tante Polly. Hier müssen Toms Überredensversuche unbedingt ausführlich mit wörtlicher Rede (Dialog!) wiedergegeben werden.

C: Die wundervolle Idee, die Tom gerade noch rechtzeitig beim Eintreffen von Ben Rogers kommt, darf an dieser Stelle auf keinen Fall schon verraten werden, dann ist die ganze Spannung auf den weiteren Handlungsverlauf weg.

D: Der erste Höhepunkt der Geschichte: Es muss in dem ausführlichen Dialog zwischen Tom und Ben deutlich werden, dass die Rollen sich allmählich umdrehen: Durch Toms List, so zu tun, als sei die Strafarbeit eine Belohnung, wird „Zaun streichen" plötzlich zu einer begehrenswerten Tätigkeit.

E: Da das Muster von Toms List jetzt klar ist, können die folgenden Dialoge mit den anderen Kindern des Dorfes kurz gehalten werden.

F: Am Abend ist Tom reich und sehr mit sich zufrieden.

G: Die Moral der Geschichte: Nicht die Art der Arbeit ist entscheidend, sondern die Frage, ob man sie freiwillig erledigt.

Offene, kreative und produktionsorientierte Aufgaben

Die hier skizzierten Vorgehensweisen lassen sich für einen Großteil aller Tests, Klassenarbeiten und Klausuren problemlos anwenden, sie gelten aber nicht grundsätzlich für alle möglichen schriftlichen Lernüberprüfungen – z. B. nicht für manche Aufgabenstellungen in den Fächern Kunst, Musik und Deutsch. Für eine produktionsorientierte, kreative Prüfungsleistung wie das Malen eines Bildes oder das Komponieren eines Liedes gibt es eben keine Musterlösung! Dennoch muss auch in diesen Fällen die Bewertung und Benotung keineswegs willkürlich und intransparent sein, wie wir kurz an einem Beispiel aus dem Deutschunterricht einer zehnten Klasse zeigen möchten.

Die Schüler haben im Unterricht den Roman „Homo faber" von Max Frisch gelesen und interpretiert. Die Aufgabe in der anschließenden Klausur lautete: Stell dir vor, Faber hat nur eine harmlose Krankheit, er wird nach zwei Wochen völlig gesund aus der Klinik entlassen und lebt weiter. Schreibe seine weitere Lebensgeschichte bis zu einem abschließenden Ende. Auch hier wurde direkt anschließend an die Klassenarbeit im Unterricht von Schülern und Lehrer gemeinsam ein Kriterienkatalog zur Bewertung entwickelt, der zwar nicht den Grad an Differenziertheit und Verbindlichkeit hat wie bei den vorigen Beispielen, als Grundlage der Korrektur und Bewertung aber durchaus funktionierte. Als Grundlage der Bewertung wurden folgende Fragen verabredet:

- Wie gut gelingt es, sich in die Person Walter Faber – seine Art zu denken, zu fühlen und zu handeln – hineinzuversetzen?
- Wie gut gelingt dies in Bezug auf Hanna?
- Wie überzeugend ist die weitere Handlung auf der Romanvorlage aufgebaut?
- Gibt es unmotivierte Sprünge, Wendungen, Überraschungen?
- Wie wird die Beziehung der beiden Hauptpersonen weiter gestaltet?
- Wird die Veränderung in Faber, die sich während des Aufenthaltes in Havanna andeutet, weiter gestaltet?
- Auf der sprachlichen Ebene: Wie gut gelingt es, Fabers lakonisch unterkühlten Stil weiterzuführen? Gelingt es, die neue Art, sich auszudrücken, die sich in Havanna andeutet, sprachlich zu gestalten?

2.1.2 Transparenz für „sonstige" Leistungen

Die Definition der Begriffe „sonstige Leistungen" und „mündliche Leistungen" ist unscharf und das, was die sonstige Leistung ausmacht, wird häufig sehr unterschiedlich gesehen, wie wir bereits gezeigt haben. Es können dazu gehören: Referate, vorgetragene und abgefragte Hausaufgaben, Einbringen von Materialien, Informationen, Fragen und weiterführende Beiträge, Anfertigen von Protokollen, Unterrichtsmitschriften, Führen einer Arbeitsmappe, außerschulische Aktivitäten etc. Wir schlagen daher das folgende Unterteilungs- und Differenzierungsraster vor.

Schriftliche Ausarbeitungen
Der folgende Kriterienkatalog bildet die Grundlage der Bewertung schriftlicher Präsentationen. Er wird vorher bekannt gegeben und mit den Schülern besprochen bzw. erläutert. Auch dieser Kriterienkatalog muss altersangemessen angewendet werden! Für ein Referat in der Klassenstufe 7 wird z. B. der Gesichtspunkt der Fehlerzahl (Punkt 1 bei den Formalien) wesentlich wichtiger sein als der des ausführlichen Literaturverzeichnisses (Punkt 7), die Sicherheit des methodischen Zugriffs dagegen wird etwa in der gymnasialen Oberstufe zunehmend an Bedeutung und Gewicht gewinnen.

Beurteilungskriterien und Bewertungsraster für Referate, Protokolle und Fach- und Jahresarbeiten

Formalien:
- Wie viele Rechtschreib-, Zeichensetzungs- und Grammatikfehler enthält das Referat?
- Wie sind das äußere (Schrift-) Bild und die Gestaltung?
- Ist der sprachliche Ausdruck (evtl. der Gebrauch der Fachsprache) angemessen?
- Ist das Referat formal vollständig?
- Gibt es am Anfang eine sinnvolle Inhaltsübersicht?
- Sind alle Zitate kenntlich gemacht und die Fundstellen korrekt angegeben?
- Gibt es ein sachlich angemessenes, ausführliches und richtig angelegtes Literaturverzeichnis?

Inhalt:
- Ist das Referat inhaltlich vollständig?
- Ist die Gliederung themenbezogen und in sich logisch?
- Finden sich größere Abschweifungen oder Abweichungen vom Thema, wird das Thema evtl. sogar verfehlt?
- Werden die verwendeten Fachbegriffe klar definiert?
- Bauen die Argumente logisch aufeinander auf, ist das Ganze in sich stringent (folgerichtig)?
- Wird deutlich unterschieden zwischen sachlicher Darstellung und dem eigenen Urteil?

Methode:
- Werden die verwendeten Erhebungs- und Darstellungsmethoden beherrscht und angemessen verwendet?
- Wie umfangreich und mit wie viel Arbeit verbunden waren die Vorarbeiten, Recherchen und Erhebungen?
- Wie sorgfältig und (selbst-) kritisch wird mit Quellen, Sekundärliteratur, eigenen Erhebungen etc. umgegangen?
- Wie deutlich wird das Bemühen um Sachlichkeit und distanzierte Darstellung, gerade und auch in Bezug auf die Darstellung fremder Positionen?

Arbeitsergebnisse:
- Wie ist das Verhältnis von Aufwand und Ergebnis, rechtfertigt das Ergebnis den betriebenen Aufwand?
- Kommt der Verfasser des Referats zu vertieften und selbstständig-kritischen Ergebnissen oder referiert er nur Allgemeinplätze?
- Wie ist das eigene Engagement des Referenten zu beurteilen?

In einem Leistungskurs Politik im 12. Jahrgang des Gymnasiums haben sich Lehrer und Schüler gemeinsam auf ein Facharbeitsthema festgelegt. Es lautet: Welche speziellen wirtschaftlichen und wirtschaftspolitischen Probleme kennzeichnen unsere Region? Welche „Rezepte" gibt es gegen diese Probleme?

Einigkeit wurde auch darüber erzielt, dass es sich hier nicht um eine „Literaturarbeit" handeln könne, für die man alles nötige Wissen aus Büchern oder sonstigen Quellen herausholen könne, sondern dass alle Schüler selber Forschungen und Untersuchungen durchführen müssten: in der städtischen Verwaltung, dem Stadt- oder Zeitungsarchiv, bei Experten oder durch Befragungen betroffener Personenkreise. Zur Erweiterung der methodischen Kompetenz gab es vorher einen Trainingskurs, bei dem es um quantitative und qualitative Erhebungsmethoden, Interview- und Befragungsformen, Methoden der Datensicherung und -auswertung etc. ging. Die Bewertung der Facharbeiten erfolgte analog zu dem obigen Kriterienkatalog – die einzelnen Aspekte dieses Kataloges wurden in einen zusammenhängenden Text gebracht und um individuelle und nicht standardisierte Einschätzungen und Bewertungen erweitert. Dieses „gemischte" Vorgehen erwies sich aus den folgenden Gründen als sehr brauchbar:

- Aufgrund des Kriterienkataloges gab es eine ausgesprochen klare und vorher bekannte inhaltliche Vorstrukturierung der Bewertung.
- Diese Vorstrukturierung erleichterte und beschleunigte die Korrekturarbeit deutlich.
- Die Möglichkeit, jederzeit von der standardisierten zur individuellen Ebene zu wechseln, verhinderte jedes Vorgehen nach „Schema F".
- Die – immer vorhandene – Unsicherheit des Lehrers in Bezug auf Objektivität und Gerechtigkeit seiner Bewertung wurde deutlich geringer.
- Und nicht zuletzt war auch den Schülern die Bewertungsgrundlage klar erkennbar.

Betriebspraktika und die damit obligatorisch verbundenen Berichte sind mittlerweile bundesweit in allen Sekundarschulen Standard. Die Gestaltung und Bewertung der *Praktikumsberichte* dagegen ist ausgesprochen heterogen und schwankt nach unseren Erfahrungen selbst innerhalb des Kollegiums einer Schule bisweilen extrem – von einer Benotung im üblichen Noten- oder Punkteschema bis hin zur völligen Nichtbewertung. Gerade deshalb sind in diesem Bereich unbedingt Transparenz und klare, eindeutige Absprachen zwischen Klasse und Lehrer vonnöten! Das folgende Beispiel soll demonstrieren, wie diese Arbeitsgrundlage aussehen kann. Es ist sprachlich wie inhaltlich auf eine elfte Gymnasialklasse ausgerichtet – daher auch der Schwerpunkt auf der Reflexion der gemachten Erfahrungen –, kann aber problemlos auf die Klassen 8 bis 10 übertragen werden. Vor Beginn des Praktikums erhalten die Schüler den folgenden Kriterien- und Beurteilungskatalog:

1. Was der Bericht enthalten soll:
A. Schilderung des Betriebes
   - Art des Betriebs (Rechtsform, Zugehörigkeit zu größeren Firmen, was wird produziert/verkauft?)
   - Art der Kundschaft
   - Anzahl der Mitarbeiter
   - Bildet der Betrieb aus, wenn ja, mit welchen Berufszielen?
   - Wie ist der Betrieb organisiert? (ggf. Skizze)
   - Wie sind die Arbeitszeiten und Pausen? Schichtarbeit?
   - Gibt es einen Betriebsrat?
B. Mitarbeiter
   - Geschlechterverhältnis (ggf. Grund erforschen)
   - überwiegende Vor- und Ausbildung (Akademiker? Gesellen, Meister? etc.)
   - Altersstruktur (schätzen, keine Umfrage!)
   - Art der Entlohnung (nicht deren Höhe!), z. B. festes Gehalt/Lohn, Stundenlohn, Akkord, Prämien, Stücklohn etc. oder auch Gewinn-beteiligung?
C. Eigene Eindrücke über
   - das Arbeitsklima und das menschliche Verhältnis der Mitarbeiter untereinander (was passiert z. B., wenn einer einen Fehler gemacht hat?)
   - das Verhältnis der Mitarbeiter zu den Chefs/der Firmenleitung etc. (wie ändert sich z. B. das Verhalten der Mitarbeiter, wenn der Chef kommt bzw. geht?)
D. Schilderung der eigenen Tätigkeit – aber bitte: keine langatmigen Beschreibungen technischer Arbeitsabläufe, sondern Konzentration auf zwei bis drei typische Situationen, z. B.:
   - Wie werde ich behandelt, wie werde ich angeleitet, wie kümmert man sich um mich?
   - Wie selbstständig kann ich arbeiten?
   - Was geschieht, wenn ich einen Fehler gemacht habe?
   - Welche Berufsbilder habe ich kennen gelernt?
   - Welche Aufstiegschancen und welche Ausbildungchancen bietet der Betrieb?
E. Was hat das Praktikum für mich persönlich gebracht? (Dieser Teil ist der wichtigste, aber nicht unbedingt der ausführlichste! Hier müsst ihr deutlich machen, inwieweit ihr in der Lage seid, die gemachten Erfahrungen auch sinnvoll zu verarbeiten, zu strukturieren und zu formulieren! Also bitte keine subjektiv-unreflektierten Bewertungen à la „super", „megastark", „ätzend" etc.)

2. Wie der Bericht aussehen soll:
   Grundsätzlich schriftlich und ansprechend gestaltet, ersatzweise mit schriftlicher Ergänzung auch

- als Video,
- als Diashow,
- als Fotoreportage.

Die o. a. Informationen dürfen aber nicht fehlen!
Und bitte: Nicht Masse, sondern Klasse!

3. Bewertung:
Es werden unter sehr unterschiedlichen Voraussetzungen Leistungen
verlangt, sodass eine akzeptable Vergleichbarkeit wie bei einer Klausur
mehr als fraglich ist: Wie unterscheidet sich ein Bericht aus einer Maschinenfabrik mit 8 Punkten von einem Bericht aus einer Logopäden-Praxis mit
9 Punkten?
Grundsätzlich gilt daher: Der Bericht wird nicht benotet, aber bewertet!
Was bedeutet das? Es gibt nur drei Bewertungsstufen:

SCHLECHT (–)   in ORDNUNG (0)   PRIMA (+)
Dies kann die Zeugnisnote in Politik
drücken   so lassen   anheben,
allerdings nur um einen Punkt!

Zusätzlich zu diesen Hinweisen für die Anfertigung erhalten die Schüler einen Korrekturbogen, der vom Lehrer während der Korrektur des Berichts lediglich ausgefüllt wird – das spart nicht nur enormen Arbeits- und Zeitaufwand, sondern macht die Bewertung nachvollziehbar und einsichtig (siehe S. 124).

Mündliche Präsentationen und Moderationen

Auch für die mündliche Präsentation von Referaten, Haus- und Facharbeiten etc. sollten die Bewertungskriterien eindeutig und so transparent wie möglich sein – und die Schüler sollten sie vorher kennen und mit dem Lehrer diskutieren können. Ein entsprechender Katalog bildet in unserem Unterricht im Regelfall die Basis der Beurteilung, wobei auch hier selbstredend die altersangemessene Zurichtung gilt. Alle Schüler der Lerngruppe und auch der Referent oder die Referenten erhalten vor der Präsentation den Beurteilungsbogen (siehe S. 128 ff.).

Mündliche Mitarbeit im Unterricht

Auch wenn das Erbringen mündlicher Leistungen in der Schulgeschichte wesentlich älter ist als schriftliche Klassenarbeiten und sonstige Prüfungen, ist ihre Bewertung im Vergleich zu den gerade skizzierten Modalitäten eher problematisch, subjektiv und fehleranfällig. Dies hat hauptsächlich zwei Ursachen: Mit Ausnahme von schriftlich protokollierten mündlichen Leistungen (wie im mündlichen Abitur oder anderen mündlichen Abschlussprüfungen) liegen die mündlich erbrachten Leistungen eben nicht in schriftlicher, also dokumentierter und damit objektivierter Form vor, sondern wesentlich eben nur in der *Flüchtigkeit des gesprochenen Wortes* – von Randbereichen abgesehen, auf die wir weiter unten zu sprechen kommen.

Verhandlungen über mündliche Leistungen zwischen Lehrer und Schülern basieren daher – ungeachtet aller Notizen, die der Lehrer vielleicht während des vorangegangenen Unterrichts angefertigt hat – auf Beobachtung und Erinnerung von beiden Seiten. Bei jeder Form der Leistungsbewertung mündlicher Mitarbeit stellt sich sofort die schwierige Frage der *Gewichtung von Quantität* (also Häufigkeit des Meldens) *und Qualität* (der geäußerten Beiträge). Verschärft wird dieses Problem im Regelfall noch dadurch, dass Schüler bei sich und bei den anderen Mitschülern nur die Quantität wahrnehmen! („Ich hab mich doch immer gemeldet und krieg nur ne Drei, und Jürgen döst meistens vor sich hin und kriegt ne Zwei!")

Nötig sind daher genauere Kriterien zur Differenzierung von Teilbereichen der mündlichen Leistungswertung gerade im qualitativen Bereich, denn die Quantität, also die Häufigkeit des Meldens bzw. des Aufrufens bei stillen Schülern, bedarf ja keiner weiteren Differenzierung als der, dass derjenige, der sich aus eigenem Antrieb meldet, höher bewertet wird als der, der erst nach Ansprache und Aufforderung zu Beiträgen bereit ist.

Das folgende Raster lehnt sich an die inhaltlichen und methodischen Aufgabenprofile von Seite 51 ff. an:

33 %	33 %	33 %
Reproduktive Leistungen	Transferleistungen	Produktive Leistungen
wie: etwas kennen, wissen, also auf Wissensfragen antworten können, Vokabeln oder mathematische Verfahrensweisen kennen etc.	wie: etwas auf neue Sachverhalte übertragen, neue Lösungsstrategien entwickeln etc.	wie: den Unterricht vorantreiben, neue Lösungen vorschlagen und entwickeln, Kritik üben etc.

Quer zu dieser Systematik ist eine andere Bewertungsebene gelagert, die sich in den folgenden Differenzierungsfragen ausdrückt. Handelt es sich bei der Schüleräußerung um:

- eine bloße Wissensfrage, weil der Schüler z. B. eine Vokabel oder ein Fremdwort nicht kennt?
- eine reine Nachfrage zur Klärung eines Sachverhaltes oder Themas?
- eine sachlich zwar richtige, aber nur in einem Wort oder Satz gegebene Antwort?
- eine ausführlicher formulierte Antwort in mehreren, aufeinander bezogenen Sätzen?
- eine ausführliche Verknüpfung mehrere Gedankengänge mit einer selbstständigen, produktiven und umfassenden Beurteilung?

Diese Skala ist hierarchisch zu verstehen: Je weiter unten die Schüleräußerung anzusiedeln ist, desto größer und positiver ist die Leistung einzuschätzen. Die bloße Wissensfrage kann die Note zur mündlichen Mitarbeit nicht steigern, die selbstständige Beurteilung wird dies in erheblichem Maße tun.

Der folgende Beurteilungsbogen versucht, die beiden Aspekte zu vereinheitlichen – er hat sich für uns im Lauf der Jahre als besonders hilfreich und problemlos einsetzbar erwiesen:

Name des Schülers	1. fachliche Kenntnisse	2. fachspezifischer Methodenansatz	3. fachsprachliches Ausdrucksvermögen	4. passgenaue Beiträge	5. Förderung des Unterrichtsprozesses	6. Kontinuität	7. Note (Punkte)
A							
B							
C							

In die einzelnen Felder des Bewertungsbogens trägt der Lehrer regelmäßig für einen Schüler einer Klasse oder eines Kurses die *durchschnittlichen Werte für ein Kriterium* über einen begrenzten Zeitraum in Noten oder Punkten ein. Je nach Verabredung mit den Schülern geschieht dies zwei- bis sechsmal im Halbjahr. Der Bogen ist für jeden Schüler jederzeit einsehbar, er bietet Anlass für inhaltliche Gespräche und die Möglichkeit, dass Schüler entsprechende Defizite aufarbeiten und verändern können.

Kritisch anzumerken ist, dass solche Beurteilungsbögen nur Durchschnittswerte wiedergeben, nicht aber die jeweiligen Situationen und Befindlichkeiten der Schüler und des Unterrichts berücksichtigen. Sie bilden dennoch eine gute Grundlage für Diskussionen und machen die mündliche Beurteilung der Mitarbeit deutlich transparenter.

Sinnvoll ist es, diesen Beurteilungsbogen durch *Schülerselbstbeurteilungsbögen* zu ergänzen und zu erweitern.

Ein Beurteilungsbogen zur Beurteilung der mündlichen Mitarbeit kann auch so aussehen: Am Ende einer Unterrichtseinheit, eines abgeschlossenen Themas, eines Projektes etc. schreibt der Lehrer Bemerkungen zur mündlichen Mitarbeit in eine Klassen- oder Kursliste und bewertet diese.

Name des Schülers	Beschreibung der mündlichen Mitarbeit	Mündliche Note
Anne	Kontinuierlich, aber wenig produktiv, fachlich/inhaltliche Fehler im Ausdruck	3
Patrick	Anwesend	5
Christoph	Selten, aber fachlich/inhaltlich gute Beiträge auf Ansprache, zurückhaltend und still	3
Maria	Sehr kontinuierlich, sehr gute Beiträge, diskussionsfördernd	1
Christine	Beteiligt sich trotz Ansprache wenig, sehr ruhig, unstrukturierte Beiträge	4
Natalie	Kontinuierlich, interessiert, gute/produktive Beiträge	2
Stephanie	Sehr selten, auf Ansprache bemüht um kontinuierliche Mitarbeit, verbessert sich	4

Bastian	Unregelmäßig, fachlich exzellente, weiterführende Beiträge, interessiert und aufmerksam	2
Robert	Selten, manchmal störend, fachlich nicht immer korrekt, unproduktive Beiträge	4
Kirsten	Kontinuierlich, gute Beiträge, produktiv, motiviert die anderen, diskussionsfördernd, sprachlich gut	2
Rebecca	Selten, sehr zurückhaltend, steigert sich, fachlich gute Beiträge, aufmerksam beobachtend	3
Julia	Sehr selten, meistens nur anwesend	5
Torben	Selten, stört häufig durch Aufmerksamkeit forderndes Verhalten, auf Nachfrage kurze/korrekte Beiträge	4
Tim	Kontinuierlich, unstrukturierte/fachlich unvollständige Beiträge auf Ansprache	4
Sebastian	Selten bei Interpretationen, sehr regelmäßig/gut und weiterführend beim Textverständnis, individuelle Arbeitsschwerpunkte je nach Interesse	2
Janne	Kontinuierlich, lebhafte/gute Beiträge, reißt die anderen mit, greift Inhalte anderer Beiträge auf	2
Andre	Anwesend, Steigerung im Laufe der Zeit, interessierter, aufmerksamer, auf Ansprache kurze Beiträge	4
Manuel	Sehr selten, unproduktive Beiträge, behindert den Unterrichtsablauf durch unqualifizierte Bemerkungen	5
Florian	Sehr kontinuierlich, sehr umfangreiche inhaltliche/produktive Beiträge, diskussionsfördernd	1

Je nach individuellen Vorlieben haben sich folgende Vorüberlegungen zur Erstellung solch eines Beurteilungsbogens als hilfreich erwiesen:

A Ich erstelle eine Liste mit möglichen sprachlichen Formulierungen, die die mündliche Mitarbeit im Unterricht nach meinen Vorstellungen präzise beschreiben können. Diese Formulierungen belege ich mit Noten oder Punkten.

> 5 anwesend
> 4 Steigerung der mündlichen Mitarbeit, kontinuierlich, aber fachliche
>   Ungenauigkeiten, Beteiligung nur auf Ansprache, unstrukturierte/unpro-
>   duktive Beiträge, seltene Beteiligung, stört, sehr ruhig
> 3 selten, durchschnittliche Mitarbeit, zurückhaltend, steigert sich, fachlich
>   korrekte Beiträge, aufmerksam, gute Beiträge auf Ansprache
> 2 kontinuierlich, gute Mitarbeit, gute Beiträge, produktiv, interessiert,
>   motiviert die anderen, diskussionsfördernd
> 1 sehr kontinuierlich, ausgezeichnete Mitarbeit, sehr gute, umfangreiche,
>   produktive Beiträge, sehr interessiert, diskussionsfördernd

B Ich schreibe die Bemerkungen auf, die mir zum momentanen Zeitpunkt zur Mitarbeit des jeweiligen Schülers sinnvoll und treffend erscheinen. Ich bewerte die mündliche Mitarbeit im Gesamtkontext der Klasse bzw. im Vergleich der Schüler untereinander.

C Ich vereinbare mit den Schülern im Voraus, welche Formulierungen die mündliche Mitarbeit im Unterricht am besten beschreiben können und mit welcher Note sie belegt sind.

Bei allen drei Varianten ist es unbedingt erforderlich, nach Fertigstellung jedem Schüler den Beurteilungsbogen zugänglich zu machen. Jeder Schüler, der es wünscht, erhält einen Gesprächstermin über die Benotung, in dem Verbesserungen und Veränderungen erörtert werden können. Als sinnvoll und hilfreich hat sich erwiesen, wenn die Schüler ihre eigene mündliche Mitarbeit selber beurteilen. Diese Beurteilung ergänzt den vom Lehrer entwickelten Beurteilungsbogen und bietet Anlass für weitere Gespräche.

Den Vorteil der recht leichten und effektiv-schnellen Handhabung erkaufen sich die bisher vorgestellten Bewertungsbögen allerdings mit dem weitgehenden Verzicht auf die Operationalisierung der mündlichen Leistungen. Wer die mündliche Leistung in Teilbereiche zerlegen, diese messen und gegeneinander abwägen und quantifizieren will, muss einen Schritt weiter gehen. Wir schlagen folgende Operationalisierung vor:

Fachliches, zielgerichtetes Lernen: Dazu zählt zunächst einmal die *sichere Nutzung fachspezifischer Arbeitsmittel* wie Lexika, Quellen, Statistiken, Internet, Formeltafeln sowie die Fähigkeit, Hilfsangebote gezielt zu nutzen,

Vorarbeiten, (Teil-) Lösungen zu übernehmen etc. Flexibilität während des Arbeitsprozesses ist ebenso notwendig wie die klare Zielformulierung. Auf *fachliche Richtigkeit* zu achten ist schon beinahe eine Selbstverständlichkeit. Zur Reflexion des eigenen Arbeitsprozesses gehört nicht zuletzt die Fähigkeit, wesentliche von unwesentlichen Aufgaben oder Aufgabenaspekten zu unterscheiden. Für besonders wichtig (und gewichtig) halten wir die Kompetenz des *vernetzenden und innovativen Denkens*, also die Herstellung von Zusammenhängen mit anderen Thematiken und Fächern sowie das Einbringen neuer Ideen und Impulse.

Die Fähigkeiten, die eigenen Kenntnisse und Erkenntnisse sachangemessen darzustellen und in den Lernprozess der gesamten Gruppe zu integrieren, runden diesen Teilbereich ab.

Methodisches Lernen: Die Basis des methodischen Lernens bilden – insbesondere in offenen und projektförmigen Unterrichtsphasen – die sorgfältige *Beschaffung und Auswahl des Informationsmaterials*, das genaue *Prüfen des Materials* auf Seriosität und Ergiebigkeit sowie seine Ordnung, Sortierung und *Strukturierung*. Dazu kommt die sichere Beherrschung fachspezifischer Arbeitsmethoden und Lösungsstrategien.

Das selbstständige Aufstellen von *Zeitplänen* und die regelmäßige Kontrolle, ob diese Pläne eingehalten werden, sind ebenso wie die Formulierung von Teil- und Zwischenzielen in allen offenen Unterrichtsphasen wichtige Leistungskriterien. Im Bereich der methodischen Fähigkeiten spielt auch das *rhetorische Geschick* des jeweiligen Schülers während der sachangemessenen Darstellung der Arbeitsergebnisse eine Rolle.

Der Umgang mit andersartigen Meinungen, die Fähigkeit, diese sachlich zu reflektieren und ebenso wie die eigene Meinung zu bewerten, bildet den letzten Aspekt des methodischen Lernens.

Die beiden noch folgenden Teilbereiche mündlicher Leistung überschneiden sich recht deutlich mit der Beobachtung bzw. Bewertung von Lern-, Arbeits- und Sozialverhalten! Wenn dieses also ohnehin gesondert gewertet und ggf. benotet wird, raten wir dazu, die mündliche Leistung auf die beiden oberen Aspekte zu reduzieren.

Sozialkommunikatives Lernen: Hier geht es (insbesondere in den unteren Klassen) zunächst einmal um das Erstellen von (Umgangs-, Gesprächs-, Arbeits-) *Regeln* und die Bereitschaft, diese Regeln auch einzuhalten. In höheren Klassen wird diese Qualifikation mehr und mehr durch die Fähigkeit zur effektiven Kommunikation mit hohem Informationsaustausch ersetzt.

Zum Bereich des sozialkommunikativen Lernens gehört auch, die eigene *Meinung argumentativ und sachlich zu vertreten* und auf Kritik sachlich zu reagieren, ohne persönlich zu werden.

Nicht zuletzt kennzeichnet die Bereitschaft zur Übernahme von Arbeit und von Verantwortung wichtige soziale Leistungsbereiche.

Selbst erfahrendes Lernen und Selbstbezug: Grundlage des selbst erfahrenden Lernens ist die differenzierte Wahrnehmung und Beschreibung der *eigenen Stärken und Schwächen* sowie die Fähigkeit und der Wille, sich selber Lern- und Verhaltensziele zu setzen und diese einzuhalten, ohne bei einem Misserfolg gleich völlig „einzubrechen". Diese Fähigkeiten münden idealerweise in die realistische und selbstkritische Einschätzung des eigenen Lernfortschritts. Zu diesem selbst erfahrenden Lernen gehört auch die wachsende Fähigkeit zur selbstständigen Überprüfung der eigenen Arbeitsergebnisse auf Angemessenheit und Richtigkeit.

Zum Abschluss bieten wir Ihnen eine Checkliste zur Selbstkontrolle für die Schüler an, mit der wir gute Erfahrungen im Bereich der Selbstmotivation und -kontrolle gesammelt haben. Sie fußt auf einer Anregung aus dem Internet.

Liebe Schülerinnen und Schüler,
anbei erhaltet ihr eine Checkliste zur mündlichen Beteiligung, in der ihr selbst eine Einschätzung eurer eigenen Leistungen vornehmen sollt. Sie wird von mir bei der Besprechung eurer mündlichen Leistungen berücksichtigt werden. Gebt euch bitte selber für jede Zeile eine Note in unserem normalen Notenschema von 1 (sehr gut) bis 6 (ungenügend):

Name: Note:
Ich melde mich während der Stunde mindestens einmal.
Ich bin bereit, meine Hausaufgaben vorzutragen.
Ich schaue Klassenkameraden beim Sprechen an.
Ich stelle Verständnisfragen.
Ich zitiere im Unterrichtsgespräch aus vorliegenden Texten.
Ich begründe meine Meinung.
Ich bemühe mich um das Verständnis anderer Auffassungen.
Ich beginne meinen Beitrag mit der Zusammenfassung der Aussagen von Vorrednern, um mit meinen Aussagen daran anzuknüpfen.
Ich fasse am Ende der Stunde die Ergebnisse zusammen.

Weitere Leistungen wie Haushefte, Mappen etc.

Bleibt die Frage, ob und wie man die Führung eines Hausheftes und/oder einer Unterrichtsbegleitmappe bewerten und benoten soll. In offenen Unterrichtsformen wie der Wochen- oder Themenplanarbeit ist dies ohnehin eine Selbstverständlichkeit, ohne die diese Methode nicht funktionieren würde, aber auch bei konventionellen, geschlossenen Unterrichtsformen sollte u. E. mindestens bis zum Ende der Sek I die regelmäßige Bewertung von Heft und Mappe fester Bestandteil des Bewertungsrituals sein. Auch wenn es hier deutliche Überschneidungen mit den Kopfnoten wie „Fleiß", „Sorgfalt" oder „Arbeitsverhalten" gibt, ist die fachlich angemessene Führung eines Heftes eine wichtige Leistung im jeweiligen Fach. Wenn man den Schülern zudem von Anfang an (schriftlich) die eigenen Ansprüche an Heft- und Mappenführung transparent macht, gibt es eine klare Basis für die Bewertung.

Das folgende Beispiel ist sprachlich wie vom Anspruchsniveau auf die Klassen 5/6 ausgerichtet, es kann aber problemlos den komplexer werdenden Anforderungen der höheren Jahrgänge angepasst werden:

Ansprüche an die Haushefte und Unterrichtsbegleitmappen
1. Sie müssen vollständig sein (alle Papiere enthalten, Inhaltsverzeichnis, Nummerierung).
2. Sie müssen sauber geführt sein (gutes Schriftbild, saubere Zeichnungen).
3. Sie müssen in Ordnung gehalten sein (Papiere in der richtigen Reihenfolge).
4. Sie sollten übersichtlich gestaltet sein (Zusammengehöriges auf einer Seite bzw. übersichtliche Einteilung in Kapitel).
5. Sie können zusätzliche Materialien enthalten.

Produktionsorientierte Leistungen wie Experimente

Experimente im klassischen Sinn wird es im schulischen Leben wohl beinahe ausschließlich in den naturwissenschaftlichen Experimentalfächern Physik, Chemie und Biologie geben. Die Herstellung eigener Modelle zur Erläuterung und Illustration der Realität dagegen ist sicherlich auch in vielen anderen Fächern denkbar und sinnvoll – vom Sachunterricht der Grundschule etwa bis zum Politikunterricht der Oberstufe. Wie also kann die Qualität eines Experimentes oder Modells sinnvoll und transparent beurteilt werden?

Das Experiment ist die *induktive Methode* schlechthin – plötzlich stellt sich eine Frage, etwas taucht auf, das man nicht erklären kann – und man greift nicht zum Lehrbuch, um sich die wohlfeile Erläuterung fertig vorsetzen zu lassen, sondern man will es selber ausprobieren, will durch die eigene Tätigkeit am konkreten Einzelfall zu globaleren Erkenntnissen gelangen.

Das Experiment ist *handlungsorientiert* – Vermutungen werden formuliert, ein Versuchsaufbau, der diese Hypothesen bestätigen (oder widerlegen) kann, wird erdacht und erbaut, und schließlich wird das Experiment durchgeführt.

Das Experiment ist *methodisch kontrollierte Tätigkeit.* Jeder andere, der das gleiche Experiment unter den gleichen Bedingungen durchführt, muss zu identischen Ergebnissen gelangen.

Es ist last but not least streng *regelgeleitet*: Die Ergebnisse müssen genau mit den vorher formulierten Hypothesen verglichen werden, um sie ganz oder teilweise (oder gar nicht) zu verifizieren. Störende Faktoren, die das Ergebnis verfälschen können oder verfälscht haben, müssen beseitigt und das Experiment muss wiederholt werden.

Experimente ergeben sich selten spontan, sondern müssen vom Lehrer entsprechend vorbereitet werden. Da Experimente dann am wirkungsvollsten sind, wenn sie ein Überraschungsmoment in sich bergen, setzt die Inszenierung einer geplanten Experimentalsituation ein gewisses Maß an Geheimhaltung voraus.

Für die Durchführung eines Experiments ist eine ausgewogene Mischung aus *kognitiven und manuellen Fähigkeiten* nötig, also „Lernen mit Kopf, Herz und Hand" (Pestalozzi) in seiner ursprünglichsten Form. Insbesondere dem haptischen Lerntyp kommt das Experimentieren sehr entgegen.

Das Experiment als *hypothesen- und regelgeleitete* Tätigkeit erlaubt die unmittelbare Erfolgskontrolle des eigenen Denkens und Tuns. Entspricht der Versuchsverlauf den Erwartungen? Passt der Versuchsverlauf zu den Hypothesen? Erhalten wir bei der Versuchswiederholung das gleiche Ergebnis? Diese Fragen lassen sich im Regelfall direkt nach Ende des Experiments bearbeiten.

Die unmittelbare Erfolgskontrolle kann auch einen Misserfolg zeigen – und dann sind Geduld und langer Atem notwendig, um die Fehlerquellen aufzuspüren und auszumerzen. Besonders unbefriedigend ist es, wenn das Experiment aus Gründen scheitert, die nicht im Verantwortungsbereich der Schüler liegen und die sie nicht ändern können, weil ihnen etwa notwendige Kenntnisse noch fehlen oder das vorhandene Material Fehlerquellen produziert. Eine sorgfältige Vorbereitung der Experimentalsituation ist daher unbedingt notwendig, sonst wird aus dem „fruchtbaren Moment im Bildungsprozess" leicht der „frustrierende Moment".

Wir unterscheiden bei der Beurteilung von Experimenten drei unterschiedliche Vorgehensweisen:

1. Vorgegebenes Experiment: Ein Schüler oder eine Schülergruppe erhält als Vorlage eine Versuchsanleitung mit entsprechender Hypothese, die es zu belegen gilt. Das Experiment wird entsprechend den Vorgaben und den bereitgestellten Materialien durchgeführt.

2. Angeleitetes Experiment: Ein Schüler oder eine Schülergruppe versucht mit geeigneten Materialien und einem entsprechenden Versuchsaufbau eine vorgegebene Hypothese zu beweisen oder zu widerlegen.

3. Freies Experiment: Ein Schüler oder eine Schülergruppe formuliert eine Hypothese und plant selbstständig ohne Anleitung einen geeigneten Versuch mit entsprechenden Materialien zur Bestätigung der Vermutungen. Auftretende Fehler behindern nicht das Experiment, sondern führen dazu, dass die Vorgehensweisen noch einmal hinterfragt werden.

Diese drei Verfahren unterscheiden sich im Grad der Kreativität, der Anforderung und der Selbstständigkeit. Bei der Bewertung eines Experiments sollten diese Kriterien eine Rolle spielen. Dabei liegt das Augenmerk auf der Planung, der Durchführung, der Auswertung und der Dokumentation des Experiments.

Für die Arbeit mit *Modellen* und ihre Bewertung gelten ähnliche Bedingungen. Geklärt werden sollte im Voraus, ob mit einem schon vorhandenen Modell eine Theorie bestätigt werden soll (Modell als Hilfsmittel), ob das Modell zur Simulation dient (z. B. Computersimulationen) oder ob der Schüler anhand eines selbst entwickelten Modells die Funktionalität einer Sache erläutert.

Darstellerische Leistungen wie Rollenspiele

Szenische Darstellungsformen wie Standbilder, Texttheater, Rollenspiele, szenische Interpretationen oder kurze gespielte Theaterszenen sind deutlich schwieriger zu bewerten, da jedes Urteil in diesem Bereich stark subjektiv geprägt ist. Aber auch hier kann man durchaus Teilbereiche der darstellerischen Leistung herausarbeiten und quantifizieren. Neben die produktionsorientierten, offenen Formen der schriftlichen Leistungsüberprüfung in Klassenarbeiten und Klausuren etwa des Deutschunterrichts oder des (relativ neuen) Faches „Darstellendes Spiel" (siehe Seite 72) treten Kriterien zur Beurteilung der ganzheitlichen Präsentation im und durch das Spiel.

Rollenbiografien und -monologe: Noch relativ nah am konventionellen Literaturunterricht ist dieser Teilbereich. Eine Rolle (eine Figur in einem Theaterstück) wird auf das für sie Wesentliche reduziert, ihr Wesenskern wird herausgearbeitet und dann in einem zweiten Schritt szenisch dargestellt. Dem Bewertenden stellen sich die Fragen, ob die Situation und die Reduktion angemessen sind, ob die dargestellte Figur entwickelt und differenziert wird und ob die Intention des Autors bzw. des Regisseurs präzise getroffen wird.

Schauspielerische Leistung: Wie gestaltet der Schüler die Rolle durch mimische, gestische und weitere körpersprachliche Mittel? Wie gestaltet er den sprachlichen Duktus? Daneben sind Bewertungskriterien wie der Umgang mit Requisiten, mit dem Bühnenraum und der Kulisse wichtig.

Schauspielerische Arbeit ist in sehr hohem Maße Teamarbeit, daher schlagen wir vor, den Fokus der Aufmerksamkeit auch auf diesen Bereich zu richten: Wie geht der Schüler mit Kritik um und wie kritisiert er andere? Auch die Bereitschaft, Verantwortung für die Aufführung zu übernehmen, die Verlässlichkeit und die Teamfähigkeit spielen eine wichtige Rolle bei der Bewertung.

Gestaltung der äußeren Rahmenbedingungen: Entwickelt der Schüler kreative Fantasie im Entwurf des Bühnenbilds und ist er in der Lage, dies handwerklich umzusetzen? Die gleichen Fragen stellen sich in Bezug auf Kostüme und Maske. Ein weiterer Gesichtspunkt ist die Beherrschung der technischen Elemente wie Licht, Akustik etc. Falls es zu einer schulinternen oder sogar öffentlichen Aufführung kommt, kann man auch das Engagement in Bezug auf die Öffentlichkeitsarbeit bewerten.

Das Problem bei diesen Bewertungsprozessen liegt in der Flüchtigkeit des Augenblicks und damit der Handlungen. Dokumentationen (Video, Fotos) können hier eine Basis der intersubjektiven Verständigung schaffen. Ebenfalls in der Praxis bewährt: die Grundidee der szenischen Interpretation zu materialisieren. In einem konkreten Fall resultierte daraus die Aufgabe, Fotoaufnahmen von Standbildern zu machen, für die Gruppe bedeutsame auszuwählen und diese in ein Plakat zu integrieren, das zur Ankündigung einer Aufführung dienen sollte. Die Kriterien für die Gestaltung des Plakates wurden zu Beginn mit den Schülern vereinbart, die Entstehung in einem individuellen Prozessbericht reflektiert. Die Gestaltung des Plakates und die Reflexion waren Gegenstand der Bewertung durch Schüler und Lehrer.

2.2 Beobachten als Grundlage der Bewertung von Lern-, Arbeits- und Sozialverhalten

2.2.1 Beobachten will gelernt sein!

Wer sehen kann, der kann auch beobachten. Das ist nicht nur eine landläufige Meinung, sondern in der Lehrerschaft eine besonders ausgeprägte. Natürlich ist die Wahrnehmung im Laufe der Berufspraxis an den Erfordernissen der Arbeit gewachsen, schärfer geworden. Ob sie allerdings offener geworden ist, darf in Frage gestellt werden, gilt es doch im Regelfall, die Vielzahl der Informationen im Unterricht zu begrenzen und zu strukturieren, ohne lange darüber nachdenken zu müssen. Dass unser Augenmerk dabei z. B. mehr den Fehlern als den positiven Leistungen gewidmet ist, lässt sich leicht ermessen, wenn man bedenkt, dass die Zahl der Fehler bzw. der Fehlleistungen der quantifizierbare Faktor in der Leistungsbewertung ist, der am leichtesten nachzuweisen ist. Die Folge ist eine Defizitorientierung in der Praxis, die im offenen Unterricht allerdings aufgebrochen werden soll. Hier sollen die Schüler ja gerade ihre Stärken bewusst zum Erreichen vorher selbst mitbestimmter Ziele einsetzen. Um diese Lernkultur in die Kultur der Beurteilung einmünden zu lassen, braucht auch die *Wahrnehmung eine Umorientierung.*

Strukturierte Beobachtungen lassen sich nicht mit Hilfe eines Rasters durchführen: Das Raster zergliedert den zu beobachtenden Prozess in einfachere und leichter erlernbare Teile. Es kann darüber hinaus auch schon eine Gewichtung der einzelnen Kriterien vornehmen. Die folgenden *Beobachtungs- und Bewertungskriterien* sind nach ihrem Anspruchsniveau geordnet: Am Beginn stehen die eher einfachen Basisqualifikationen, dann folgen die komplexeren und anspruchsvolleren, weitergehenden Fähigkeiten. Diese Systematik versteht sich aber ausschließlich sachlogisch und nicht etwa altersspezifisch, d. h., alle Kriterien können und sollen – natürlich altersgemäß – für alle Altersstufen gültig sein und in allen Altersstufen erreicht werden!

2.2.2 Lernverhalten

Nicht nur in den unteren Klassen äußert sich positives Lernverhalten zunächst einmal in der *Wahrnehmungsfähigkeit*: Nimmt ein Schüler z. B. Veränderungen in seiner unmittelbaren Umgebung wahr? Wie detailgenau kann er Bilder oder Gegenstände beschreiben? Wie schnell und präzise entdeckt er Fehler, Unterschiede oder Gemeinsamkeiten beim Vergleich von Bildern, Texten, mathematischen Reihen?

Auf der Wahrnehmungsfähigkeit baut die *Wiedergabefähigkeit* auf: Kann der Schüler mit zunehmendem Alter immer komplexer werdende Sachverhalte, Abläufe, Strukturen, Versuchsaufbauten, Texte etc. lückenlos wiedergeben und beschreiben? Bemerkt er Fehler bzw. Fehlendes in den Beiträgen der Mitschüler? Hat er ein gutes Erinnerungsvermögen (auch an weit früher Gelerntes)?

Eng verknüpft mit der Wiedergabefähigkeit ist das *Ausdrucksvermögen* (das auch unmittelbar in die Fachnoten zumindest der sprachlich orientierten Fächer eingeht!). Verfügt der Schüler über einen großen Wortschatz und körperliches Ausdrucksvermögen? Kann er anschaulich erklären und seine Aussagen anderen verständlich machen?

Das nächste Beobachtungs- und Bewertungskriterium ist die Transferoder *Übertragungsfähigkeit*: Ist der Schüler in der Lage, Bekanntes auf Unbekanntes zu übertragen, indem er z. B. neue, aber strukturgleiche Aufgaben oder Aufgaben mit gleichartiger Problemstellung selbstständig löst? Kann er sich problemlos von vertrauten Vorgaben auf neue Bedingungen umstellen? Überträgt er gelernte Regeln auf für ihn neue Sachverhalte bzw. ist er in der Lage, Bekanntes unter neuen Perspektiven zu sehen?

Die anspruchsvollste Ebene in Bezug auf das Lernverhalten bildet die *Auffassungs- und Beurteilungsfähigkeit*: Erkennt der Schüler schnell das Wesentliche, die Grundzüge in einer Unterrichtssituation? Erfasst er die Zusammenhänge und logischen Verknüpfungen? Ist seine Auffassungsfähigkeit von der Art der medialen Präsentation unabhängig? Erfasst er simultan komplexe Prozesse? Die Beurteilungsfähigkeit zeigt sich in folgenden Qualifikationen: Kann der Schüler zwischen Darstellung und Kritik eines Sachverhaltes unterscheiden? Bemüht er sich um eine möglichst breite Informationsgrundlage vor der Abgabe des eigenen Urteils? Erkennt er Widersprüchlichkeiten in (auch eigenen) Schlussfolgerungen? Hinterfragt er andere Ansichten, Lösungsvorschläge, Anweisungen, Ursachenvermutungen? Ist er in der Lage, Konsequenzen eines Urteils abzuschätzen?

Praktisch quer zur übrigen Systematik dieses Abschnittes (und für die einzelnen Schulfächer von ausgesprochen unterschiedlicher Bedeutung) ist das Kriterium des *praktischen, psychomotorischen Geschicks*: Kann der Schüler seine Bewegungen gut koordinieren? Besitzt er manuelle und feinmotorische Geschicklichkeit? Hat er ein ausgeprägtes Rhythmusgefühl? Hier sollte jeder Lehrer individuell für seine Klasse oder Lerngruppe entscheiden, ob er dieses Kriterium in die Beobachtung mit einbezieht.

2.2.3 Arbeitsverhalten

Bringt der Schüler *regelmäßig* alle pflichtgemäß erledigten Hausaufgaben und sonstigen Arbeitsmaterialien in die Schule mit? Beginnt er in der Schule selbstständig zu erledigende Aufgaben ohne Umschweife? Arbeitet er sorgfältig, zielgerichtet und präzise?

Zweiter Beobachtungs- und Beurteilungsschwerpunkt ist die eigene *Arbeitsorganisation*: Gliedert der Schüler die (umfangreichen) Arbeiten sinnvoll? Hat er eine gute Zeiteinteilung? Plant er zunächst die anzugehende Arbeit und legt sich den möglichen Lösungsweg zurecht? Vergleicht er Aufgabenstellung und Resultat?

Hiermit eng verbunden ist das Kriterium *Konzentration und Ausdauer*: Arbeitet der Schüler gleichmäßig über längere Zeit? Verfügt er über einen „langen Atem" bei anspruchsvollen Aufgaben? Entwickelt er eine hohe „Störresistenz"?

Das nächstanspruchsvolle Kriterium in der Hierarchie ist *Sicherheit und Selbstständigkeit*: Arbeitet der Schüler selbstständig auch ohne Kontrolle oder Bestätigungen durch den Lehrer? Kann er die eigene Arbeit eigenständig planen und durchführen? Weiß er sich angesichts auftauchender Probleme selber zu helfen bzw. zu improvisieren? Beschafft er sich bei Bedarf eigenständig weitere Informationen? Kann er die Qualität seiner eigenen Arbeit realistisch einschätzen?

Schließlich kann noch das *Interesse und das Engagement* bewertet werden: Übernimmt der Schüler freiwillig Arbeit und ist immer bestrebt, das eigene Wissen zu erweitern? Entwickelt er Eigeninitiative, macht er vor der Klasse eigene Anregungen und Vorschläge? Lässt er sich durch Misserfolge nicht sofort demotivieren, ist er also primär intrinsisch motiviert?

2.2.4 Sozialverhalten

Zunächst geht es schlicht um die *Hilfsbereitschaft*: Respektiert der Schüler die Wünsche, Bedürfnisse und Ansprüche der anderen und stellt die eigenen zumindest zeitweise zurück? Hilft oder unterstützt er andere? Schützt er Schwächere gegen Mitschüler oder Lehrer? Übernimmt er freiwillig Aufgaben?

Zweites Kriterium ist die *Kontaktfähigkeit* – allerdings ist dies Kriterium tückisch und mit Vorsicht anzuwenden, denn charakterlich bedingte Introvertiertheit ist keineswegs automatisch schlechter als Kontaktfreude! Der Beobachter muss sich gerade unter diesem Aspekt auf die Ebene der jeweiligen „genetischen Konditionierung" begeben und dementsprechend relativ werten: Findet der Schüler leicht Kontakt? Spricht oder spielt er z. B. in den Pausen mit anderen, arbeitet er häufig mit wechselnden Mitschülern, hat er viele Freunde?

Soziale Sensibilität: Nimmt der Schüler Stimmungen in der Lerngruppe wahr und kann er darauf angemessen reagieren? Erkennt er Bedürfnisse und Gefühle der Mitschüler? Kann er die eigenen Befindlichkeiten spontan äußern, entwickelt er Empathie und Ambiguitätstoleranz? Schätzt er die eigene Stellung in der Klasse richtig ein?

Die drei noch folgenden Kriterien gelten heute als überaus wichtige Schlüsselqualifikationen nicht nur in der Schule, sondern auch in vielen Bereichen der Wirtschaft und des späteren Arbeitslebens.

In erster Linie ist dies die *Kooperations- und Integrationsfähigkeit*: Schätzt der Schüler die Partner- und Gruppenarbeit? Ist er bemüht, in der Gruppe alle Meinungen zu hören? Hält er sich – auch ohne Kontrolle – an vereinbarte Regeln? Betrachtet er auch gemeinsam erbrachte Gruppenleistungen als individuelle Bereicherung? Ist er auch zur Erledigung undankbarer Aufgaben bereit?

Konfliktfähigkeit (bitte auf keinen Fall verwechseln mit Streitsucht): Geht der Schüler keinem notwendigen Konflikt aus dem Wege, sucht aber immer nach für alle fairen Lösungen? Fragt er nach Konfliktursachen? Ist er nicht nachtragend? Bietet er sich als Schlichter bei Konflikten anderer an? Ist er auch als Angegriffener bereit, dem Gegenüber ein Stück weit entgegenzugehen?

Eng verwandt hiermit und in einem gegenseitigen Abhängigkeitsverhältnis stehend ist die *Kritikfähigkeit*: Ist der Schüler in der Lage, Kritik offen zu äußern, kritisiert er positiv aufbauend und sachlich argumentierend?

Kann er Kritik am eigenen Verhalten, den eigenen Ansichten vertragen? Ist er in der Lage, vorgebrachte Kritik sachlich als unberechtigt zurückzuweisen, aber ggf. ebenso gut als berechtigt zu akzeptieren und sein Verhalten entsprechend zu ändern?

Den Abschluss der Beobachtungs- und Bewertungskriterien zum Sozialverhalten bilden die Aspekte *Sicherheit und Selbstbehauptung*: Wirkt der Schüler in Stresssituationen ruhig, gelöst und leistungsbereit? Formuliert er offen seine Unzufriedenheit? Steht er zu seiner Meinung (selbst wenn er der Einzige ist)? Lässt er sich durch Kritik nicht so schnell verunsichern? Besteht er darauf, angehört zu werden bzw. andere zu Wort kommen zu lassen? Geht er im Affekt korrekt, aber inhaltlich klar mit Respektspersonen (Lehrern) um?

Zum Abschluss folgt eine tabellarische Übersicht über die wichtigsten Beobachtungs- und Bewertungskriterien in Stichworten:

Lernverhalten

Wahrnehmungsfähigkeit	Veränderungen, Unterschiede, Gemeinsamkeiten beobachten
Auffassungsgabe	logische Strukturen und wesentliche Grundzüge erkennen
Ausdrucksvermögen	über einen großen Wortschatz verfügen und anschaulich erklären können
Wiedergabefähigkeit	lückenlos auch komplexe Abläufe beschreiben, Fehlendes bemerken
Übertragungsfähigkeit	Bekanntes auf Unbekanntes übertragen, von vertrauten Vorgaben auf neue Bedingungen umstellen können
Beurteilungskompetenz	Ansichten und Meinungen hinterfragen, Widersprüche erkennen und benennen

Arbeitsverhalten

Arbeitsorganisation	Zeit gut einteilen, sorgfältig, zuverlässig und präzis arbeiten, Aufgabenstellung und Resultat vergleichen
Konzentration	„langer Atem" bei anspruchsvollen Aufgaben, hohe „Störresistenz"

Selbstständigkeit	arbeiten ohne Kontrolle, eigenständig planen, realistisch das eigene Leistungsvermögen einschätzen
Engagement	Anregungen geben und Vorschläge machen, freiwillig Arbeit übernehmen, Eigeninitiative entwickeln

Sozialverhalten

Teamfähigkeit	Partner- und Gruppenarbeit schätzen, sich auch ohne Kontrolle an vereinbarte Regeln halten, sich bemühen, in der Gruppe alle Meinungen zu hören
Hilfsbereitschaft	die Ansprüche der anderen respektieren, Schwächere schützen
Soziale Sensibilität	Stimmungen wahrnehmen und angemessen darauf reagieren, Probleme, Bedürfnisse und Gefühle der Mitschüler erkennen
Konfliktfähigkeit	immer nach fairen Lösungen suchen, nach Konfliktursachen fragen, nicht nachtragend sein, Kritik offen äußern, Kritik vertragen
Selbstsicherheit	sich durch Kritik nicht so schnell verunsichern lassen, darauf bestehen, angehört zu werden, Unmut sachlich und konstruktiv äußern

2. 3 Mündliche und schriftliche Rückmeldungen an die Schüler

2.3.1 Rituale bei der Rückgabe von Klassenarbeiten

Die Einleitung ist dir gut gelungen, Hauptteil und Schluss fallen im Vergleich dazu etwas ab.

Volltreffer!!
1

Vielleicht solltest du dich das nächste Mal doch vorbereiten.

Über deine Arbeit habe ich mich richtig gefreut. Da ist doch ein Fortschritt erkennbar. Vor allem die Fehlerzahl hat sich deutlich reduziert. Offensichtlich hast du deinen Text am Ende noch mal kontrolliert. Immerhin voll ausreichend!

toller Aufsatz, Thema verfehlt:
5

Ein erheblicher Teil der schriftlichen Rückmeldungen bei Klassenarbeiten wird vermutlich in dieser Form stattfinden. Der Ton ist unterschiedlich: mal positiv unterstützend, mal knapp und trocken, mal ironisch-sarkastisch. Stets sind die Lehrer die Bewertenden, sie dominieren die Interaktion. Sie betonen die komplementäre Beziehung, auch – oder besser gerade – wenn sie Lob verteilen. Gemeinsam ist allen Beispielen, dass in ihnen *kaum oder gar nicht diagnostisches und auf Fördern ausgerichtetes Handeln* zu erkennen ist. Es gibt eine deutliche Aussage zu der Bewertung, aber kaum Hinweise, auf welche konkreten Leistungen oder Fehler die Bewertung zurückzuführen ist. Ob diese Form der schriftlichen Rückmeldung durch die mündlichen Kommentare bei der Rückgabe einer Klassenarbeit aufgebessert wird, ist wohl eher fraglich. Das Ritual bei der Rückgabe steht in den meisten Fällen fest. Der Lehrer verteilt und kommentiert je nach Lage der Dinge oder nach Lust und Laune, bevor sich die Schüler mit den Ergebnissen der Arbeit vertraut machen können. Schon aus diesem Informationsmangel heraus sind sie in der abhängigen Position. Hier kann sich in dem typischen Verteilungsritual die Machtstellung des Lehrers manifestieren, während für Schüler, die stark unter Versagensängsten leiden, die Situation beinahe unerträglich wird. Das muss nicht so sein. Es gibt praktikable Möglichkeiten, die Situation für die Schüler zu erleichtern und ihnen eine andere Rolle zuzuweisen, auch wenn sich die Bewertungspraxis noch gar nicht verändert hat.

Um eine angemessene Situation zu schaffen, ist zunächst die *Stärkung des Sachbezugs* wichtig. Die Voraussetzung dafür ist, dass der Informationsstand der Interaktionspartner gleich ist, bevor ein Gespräch beginnt oder eine Kommentierung abgegeben wird. Praktisch heißt das, dass den Schülern die bewerteten und kommentierten Klassenarbeiten ohne mündliche Bemerkungen zurückgegeben werden, am besten in zufälliger Reihenfolge, um den von Schülern häufig befürchteten Effekt der „Vorverurteilung" zu vermeiden. „Haben Sie die Arbeiten nach Noten geordnet?" Diese Frage signalisiert den Druck bei manchen Schülern.

Nach der Rückgabe brauchen die Schüler Zeit, um die eigene Leistung und die Bewertung zu verstehen und Verständnisprobleme zu klären. Da diese Situation in vielen Fällen sehr stressanfällig ist, fordert sie vom Lehrer eine *hohe kommunikative Kompetenz*. Er muss sich in die Situation der Schüler hineinversetzen können, darf aber die Klarheit nicht zugunsten der Empathie aufgeben. Das ist auch deshalb häufig schwer durchzuhalten, weil sich die emotionale Spannung auch dann nicht so schnell abbaut, wenn die sachbezogenen Fragen geklärt sind. Ob eine erste Klärungsphase der Schüler untereinander in Tandems oder Kleingruppen helfen kann, hängt von dem sozialen Klima, aber vor allem von der Bewertungs- und Rückmeldekompetenz der Schüler ab. Wenn sie in der Rückmeldung nicht geübt sind, werden nicht selten die Beurteilungsgrundsätze noch schärfer angewandt als beim Lehrer selbst und die Situation verstärkt das soziale Ranking.

2.3.2   Allgemeine Regeln des Feedbacks

Feedback ist in jeder Phase der Arbeit ein wichtiges Element, häufig gar nicht gewollt, immer wirksam, aber längst nicht immer hilfreich. Kennzeichnend für ein hilfreiches Feedback sind folgende Verhaltensweisen:

- sich in die Situation des Schülers einfühlen,
- in der Ausdrucksweise einfach und nicht ironisch sein,
- sich an der Situation und den Aufgaben/Zielen orientieren,
- mit dem Schüler im Voraus Vereinbarungen treffen,
- sich auf konkrete Handlungen beziehen,
- Gefühle in die Rückmeldung integrieren,
- voreilige Werturteile vermeiden,
- keine Vor-Urteile verbalisieren,
- das Feedback in den Prozessablauf einpassen,
- für den Schüler unmittelbar realisierbare Äußerungen machen.

2.3.3   Praktische Konsequenzen für den Unterricht

In der Schule sollen Schüler zu einer *realistischen Selbsteinschätzung* kommen können. Die Leistungsrückmeldung ist dafür die eigentliche Lernumgebung. Allerdings ist es für die Schüler oft nicht leicht, aus den Rückmeldungen die Bestätigung oder Verwerfung der eigenen Zuschreibungen herauszufinden. Das hängt vor allem davon ab, wie weit in der Rückmeldung durch den Lehrer *implizite Persönlichkeitstheorien* zum Tragen kommen. Wenn der Lehrer die Leistungsdefizite durch allgemeine persönliche Merkmale erklärt, wird es schwer, die Bewertung auf konkrete eigene Leistungen oder Fehler zurückzuführen und in der Situation schon einen Ansatz zum konkreten Handeln zu finden. Erste Voraussetzung dafür ist, zwei Orientierungspunkte voneinander zu trennen. Als Erstes gilt es, die Leistungen auf *vorher benannte und klar abgrenzbare Kriterien* zu beziehen, eventuell im Vergleich mit den Leistungen anderer Schüler. Zum Zweiten wird die Leistung in dem Kontext der *individuellen* Leistungsentwicklung eingeordnet.

Der Gerechtigkeit halber sollte deutlich gesagt sein, dass das gerade beschriebene Verhalten mindestens ebenso häufig auf Seiten der Schüler zu finden ist. Nicht nur führen sie die Ergebnisse ihrer Bemühungen auf allgemeine persönliche Merkmale zurück („Ich konnte noch nie gut formulieren.") oder auf die Rahmenbedingungen („In Prüfungen bringe ich nur die Hälfte."), sondern auf die vom Lehrer gesetzten Bedingungen („Mit den Aufgaben kann man ja nichts anfangen.") oder sogar auf vermeintliche Charaktermerkmale („Herr X ist nun mal ungerecht."). Allerdings bleibt es die Aufgabe der professionellen Lernbegleiter, hier Hilfe anzubieten, um zu einer realistischen Zuschreibung von Leistungen zu kommen.

Zwei Instrumente können helfen, den Sachbezug in der Rückmeldung zu verstärken: *Rückmeldebögen*, wie sie z. B. im Kontext der Facharbeiten in der gymnasialen Oberstufe entwickelt worden sind, und die Formulierung von *Kompetenzstufen* oder Taxonomien (Winter, 2004, S. 287) oder mindestens die differenzierte Festlegung der *Mindestanforderung* (Sacher 2004, S. 129). Empirisch erprobte Kompetenzstufenmodelle finden sich in der PISA-Studie z. B. zum Textverstehen.

Der Abschluss der Rückmeldung durch eine Ziffernnote bedarf einer besonderen Entscheidung. Die Vergabe von Ziffernoten entfaltet in der Rückmeldung über Leistungen neben den beschriebenen allgemeinen Problemen noch eine besondere Wirkung. Sie macht es schwer, die Aufmerksamkeit auf die verbalen Elemente zu richten und deren Differenziertheit gegenüber der Note aufrecht zu erhalten.

Die Rückmeldungen an die Schüler sollten neben dem Ergebnis auch eine Beschreibung der vom Lehrer erkennbaren oder vermuteten Strategien des Schülers enthalten. Hier ist eine erste Aufgabe zur kommunikativen *Validierung* gegeben: „Habe ich die Strategien richtig beschrieben, die du angewandt hast?" statt: „Fühlst du dich gerecht beurteilt?" Voraussetzung für das Gelingen dieser Validierung ist, dass der Lehrer Beschreibung und Bewertung voneinander trennt, sodass der Schüler sie einzeln betrachten und überprüfen kann.

Wenn der Lehrer dem Schüler eine Empfehlung zum strategischen Vorgehen geben will, muss der Schüler erkennen können, ob er seine bisherige Strategie verbessern oder verfeinern oder völlig neu konzipieren sollte. Nur dann kann er die Empfehlung auf nachfolgende Aufgaben übertragen.

In der neueren Diskussion unter dem Blickwinkel systemischer Betrachtung wird den *internen Verarbeitungsprozessen* mehr Beachtung geschenkt. Die

Intention, mit der eine Rückmeldung vom Lehrer gegeben wird, ist nicht gleichzeitig auch der tatsächliche Effekt. Die eigene Bewertung durch die Schüler, mit anderen Worten, die innere Rückmeldung (vgl. Winter 2004, S. 178), bestimmt den Lerneffekt. Wer das als Lehrer bewusst gestaltet wissen möchte, ist auf die Metakommunikation angewiesen, die an die Kommunikationssituation hohe Anforderungen richtet, soll sie gelingen und nicht zu ihrer eigenen Abwertung beitragen.

2.4 Verbesserung der Leistungsbewertung durch passgenaue Aufgabenkonstruktion

2.4.1 Zur Anlage von Prüfungen

Die Aufgabenkonstruktion ist Teil einer Strategie, nach der Prüfungen angelegt sind und geplant werden. Zu dieser Strategie gehört auch, die Funktion von Aufgaben und die Wirksamkeit von gewählten Formen zu überprüfen. Dem wird in der Praxis nicht immer angemessen Rechnung getragen. Die Folge ist, dass sich über Jahre trotz geänderter Rahmenbedingungen und interner Schwerpunktverschiebungen die Leistungsüberprüfungen kaum verändert haben.

Das kommt den Schülern in manchen Fällen insofern entgegen, als dass sie die Prüfungsformen und die Aufgabentypen ebenso genau vorhersagen können wie die Kriterien der Bewertung, ohne dass die vorher explizit bekannt gemacht wurden: „Ich weiß doch, was der hören will." Selten hört man von Schülern darüber eine Klage. Schon eher reagieren Schüler kritisch auf das Auseinanderfallen von Unterricht und folgenden Überprüfungen, vor allem bei Klassenarbeiten, weil die einen hohen Stellenwert in der Gesamtnote haben.

Das kann verhindert werden, wenn Leistungsbewertung als Element der Planung von Unterrichtseinheiten verstanden wird, wie wir wiederholt gefordert haben.

Aber auch in der konkreten Anlage einer Prüfung wie der Klassenarbeit lässt sich Qualität sichern oder entwickeln (Sacher 2004, S. 55 f.). Die folgenden Fragen können mit Blick auf die Aufgabenkonstruktion das Umfeld strukturieren helfen:

- Ist die Prüfung (Inhalte, Formen) auf den Kern des vorangegangenen Unterrichts ausgerichtet oder eher auf einen Randbereich? Sind die Voraussetzungen auch in den methodischen Anforderungen auf einem Mindestniveau geschaffen, ohne die Prüfung vorweg zu nehmen?

- Ist die Möglichkeit geprüft, Aufgaben auf unterschiedlichen Anforderungsniveaus zu stellen, oder ist dafür Sorge getragen, dass die Aufgaben auf unterschiedlichen Niveaus bearbeitet werden können, z. B. durch die freiwillige Einbeziehung methodischer Hilfen?
- Sind die Kriterien für die Bewertung und das Verfahren, zu einer Benotung zu kommen, vorher festgelegt und allen Beteiligten mindestens zu Beginn der Prüfung bekannt?
- Sind Rückmeldungen zu den Aufgaben von den Schülern erfragt? Auf ihrer Basis kann eine Aufgabenanalyse stattfinden, um die Stimmigkeit der Einzelaufgaben und den Zusammenhang mit dem vorangegangenen Unterricht zu prüfen.

Vor der konkreten Gestaltung der Aufgaben ist zumindest zu klären, welche Kompetenzen an welchen Inhalten überprüft werden sollen. Da nicht alle denkbaren Aufgaben in eine Prüfung gepackt werden können, ist eine Auswahl notwendig. Es entsteht eine Aufgabenstichprobe, die im besten Fall eine proportionale Abbildung des Unterrichts darstellt. Das ist allerdings in unterschiedlichen Fächern unterschiedlich leicht oder schwer, je nach Komplexität des Themas und kumulativem Zusammenhang der Teilleistungen. Wenn z. B. im Deutschunterricht sowohl das Vorlesen von literarischen Texten als auch die Analyse und Interpretation als auch die Produktion eigener Texte die Unterrichtseinheit bestimmt haben, dürfte die proportionale Verteilung der Prüfungsinhalte nahezu unmöglich sein.

Hier könnte uns W. Sacher weiterhelfen, der als zweites Kriterium für die Auswahl von Prüfungsinhalten den Aspekt Bedeutsamkeit einführt (Sacher 2004, S. 57). Am ehesten mag die Umsetzung dieses Kriterium gelingen mit Blick auf die zukünftigen Anforderungen: Auf welche Inhalte/Themen wird später weiter eingegangen? Was ist relevant für die Arbeit in einem Beruf oder Betrieb? Welches Wissen oder Können wird in einer weiterführenden Stufe vorausgesetzt? Diese Fragen als Leitfragen für die Auswahl von Prüfungsinhalten zu verwenden, entfaltet auch eine Logik für die Schüler. Sie können die Prüfung nicht nur als Abschluss einer vergangenen Lerneinheit erkennen – und beides möglichst schnell zu vergessen versuchen –, sondern für sich die Frage stellen: Was weiß ich jetzt in einem Gebiet, das später fortgesetzt wird? Wie werde ich mit den Anforderungen fertig? Das erlaubt den Schülern, ihre Lernausgangssituation in Entscheidungen über weiterführende Bildungsgänge einzubeziehen, und den Lehrern, sie dabei zu beraten.

2.4.2 Konstruktion von Aufgaben

Die konkrete Gestaltung der Aufgaben für eine Prüfung ist abhängig von der Form, in der diese stattfinden soll. Von Abschlussprüfungen abgesehen ist die schriftliche Arbeit unter Aufsicht, also die Klassenarbeit, die in den meisten Fächern dominierende Form. Das ist verständlich, weil diese Form ein beständiges Ergebnis produziert, das zeitlich unabhängig betrachtet werden kann, u. U. auch von mehreren Personen. Der Nachteil, dass schriftlich vor allem kognitive Kompetenzen abgefragt werden können, ist bisher kaum ins Gewicht gefallen, da der Unterricht ja gerade auf diese abzielte.

Wenn allerdings das Kriterium Proportionalität auf die Prüfungsform übertragen wird, dann bringt die Veränderung der Arbeitsformen im Unterricht notgedrungen auch Änderungen in der Gestaltung der Prüfungen mit sich. Neben den schriftlichen werden sich dann mündliche und vor allem praktische Prüfungen etablieren müssen. Auch diese Forderung ist nicht neu. Hans Aebli hat schon früh darauf hingewiesen, dass Menschen ihr Wissen in drei unterschiedlichen Weisen besitzen können und nicht automatisch in der Lage sind, ihr Wissen in Sprache zu übertragen. Er fordert, dass Schüler ihr Wissen und Können in dem angemessenen Medium zeigen und nur in Ausnahmefällen eine Übersetzung veranlasst wird.

Enaktives Wissen ist ganz in Handlungen versteckt. Es kann nicht verbalisiert und meist auch nicht in bildliche Vorstellungen übertragen werden. Nur in den Handlungen selbst lässt es sich prüfen. Neue Bedeutung bekommt diese Tatsache, da zunehmend viele Schüler aufgrund sprachlicher Probleme Handlungen nur unzulänglich beschreiben können. Und selbst wenn das gelänge: Die Beschreibung des Tuns weist noch nicht das Können nach. Das ist auch eine Herausforderung, wenn es um methodisch-strategische oder kommunikative Kompetenzen oder z. B. um darstellerische Fähigkeiten geht. Fremdsprachenprüfungen in der entsprechenden Sprache, praktische Prüfungen im Fach Sport oder in den bildenden Künsten könnten der Entwicklung zu veränderten Prüfungen wichtige Impulse geben.

Wissen, das in *bildhaften* Vorstellungen verpackt ist, lässt sich am ehesten durch Zeigen auf Karten oder visualisierten Darstellungen oder durch das Zeichnen oder die Visualisierung selbst reproduzieren. Erstaunliche Ergebnisse lassen sich schon in der Grundschule erzielen, wenn visuelle und räumliche Vorstellungsfähigkeiten zur Lösung mathematischer Probleme herangezogen werden, die bisher eher auf Rechenwege fokussiert waren (Krauthausen/Winkler 2004, S. 294 ff.).

Wissen, das *auf Sprache* basiert, sollte natürlich zunächst auch in dieser geäußert werden können. Dabei gilt hier wie in den anderen Bereichen auch, dass manchmal der Grad des Verstehens nur zu überprüfen ist, wenn ein Wechsel des Mediums vorgenommen wird, also die Erfassung einer Situation durch eine genaue Beschreibung von Abläufen überprüft wird oder eine Textaussage in einer Metapher zusammengefasst werden muss.

Aufgaben können nicht nur nach dem Medium unterschieden werden, sondern auch nach den Zielen, die mit den Prüfungen verbunden sind. Wenn das Verständnis geprüft werden soll, gilt es, nach Zusammenhängen zu fragen, Umformungen wie z. B. die Umkehrung oder die Variation eines Lösungswegs vorzunehmen oder in die Betrachtung einer Situation eine neue Perspektive einfließen oder das Wissen und Können anwenden zu lassen. Davon ist die Überprüfung von Fertigkeiten zu unterscheiden. Sie ist auf die Wiederholung einer Tätigkeit in einer begrenzten Zeit ausgerichtet. Je mehr automatische Reaktionen, desto erfolgreicher wird ein Schüler sein. Zur konkreten Gestaltung kann eine Aufgabe in drei Bereiche unterteilt werden (Sacher 2004, S. 61):

- Es werden Informationen gegeben, die zur Lösung notwendig sind, oder es wird auf Lösungen verwiesen, die den Schülern präsent sein müssten: Auf diesen Bereich kann sich eine erste Qualitätskontrolle richten. Liegen alle Informationen vor, die zur erfolgreichen Bearbeitung der Aufgabe notwendig sind?
- Im Kern der Aufgabe steht die Frage oder der Arbeitsauftrag. Die Voraussetzung zum Erfolg für den Schüler liegt im Verstehen. Deshalb lautet das Kriterium „Klarheit und Verständlichkeit". Wenn in den Prüfungen wiederholt nachträgliche Erläuterungen notwendig werden, ist das ein deutlicher Hinweis darauf, die Formulierung der Frage oder des Auftrages zu überprüfen.
- Die Kombination von Information und Frage grenzt auch die möglichen Antworten ein.

Die häufig verwendete Form der geschlossenen Aufgabe ist das Multiple-Choice-Verfahren. Dazu haben Lehrer das Vorurteil, mit dieser Form lasse sich nur Sachwissen auf einfachem Niveau erfassen. Das widerlegen viele Tests, in denen neben deklarativem Wissen auch das Prozess- oder Kontextwissen erfragt wird. Der Unterschied zu offenen Formen liegt darin, dass ausschließlich Wiedererkennung (Rekognition) gefragt ist, also eine passive Verfügbarkeit über Wissen genügt. Raten hat eine relativ hohe Erfolgsaussicht, weil es im Prinzip reicht, die falschen Antworten auszusondern. Multiple Choice bietet mehr Möglichkeiten, als von Lehrern in der Praxis genutzt werden. Das bedarf aber einer intensiven Vorbereitung. Die investierte Zeit zahlt sich aus, wenn es an die Auswertung geht. Zudem ist die Vergleichbarkeit der Leistungen sehr hoch.

Offene Aufgaben sind als Aufforderung zu verstehen, Bedeutungen von Begriffen, Texten oder Bildern frei zu rekonstruieren oder zu konstruieren. Sie sind viel stärker an ein kreatives Potenzial gebunden und bilden die anspruchvollere Variante der Aufgabenformen. Sie setzen die Fähigkeit zu begrifflichen und strategischen Operationen voraus, die nicht bei allen Schülern gegeben sind. Manchen Schülern gelingt es dann auch nicht, ihr passives Wissen einzubringen, über das sie verfügen und das sie bei geschlossenen Formen aktualisieren könnten, weil in offenen Formen die Anknüpfungspunkte fehlen.

Die Konsequenz bei der Aufgabengestaltung lautet, die Mindestanforderung festzulegen bzw. die Mindestkompetenz zu definieren, die als verfügbar vorausgesetzt wird. Das Risiko ist groß, dass Lehrer das Niveau zu hoch ansetzen und die Möglichkeiten ihrer Schüler überschätzen. Die empirischen Untersuchungen (PISA) geben deutliche Hinweise darauf. Die Kontrolle der Verteilung der Leistungen und Parallel- oder Vergleichsarbeiten hilft, im Kollegium einer Schule die Qualität der Aufgaben zu optimieren und gleichzeitig die Diagnosefähigkeit zu schärfen.

2.4.3   Elemente der Form

Äußere Form: Im Zeitalter des Computerlayouts eigentlich eine Selbstverständlichkeit, aber aufgrund schlechter Erfahrungen mit handschriftlich nachlässig hingeschmierten Vorlagen für Klassenarbeiten möchten wir an dieser Stelle deutlich formulieren: Nur mit einer lesbaren und optisch ansprechenden Gestaltung von Text- und Arbeitsblättern kann man als Lehrer demonstrieren, dass man sich bei der Vorbereitung Mühe gegeben hat und die Schüler und die Prüfungssituation ernst nimmt. Es handelt sich hier keineswegs um einen „funktionslosen Ästhetizismus", wie es ein (Gymnasial-) Kollege einmal in einer kontroversen Diskussion uns gegenüber formulierte, sondern um einen nicht unwesentlichen Teil der „ästhetischen Gestaltung der Umwelt, die dem Schüler als ‚Schulumwelt' entgegentritt" (Lothar Klingberg).

Hilfsmittel: Der angemessene Gebrauch von Arbeits- und Hilfsmitteln (Duden, Lexika, Taschenrechner, Formelsammlungen, Elementetafeln etc.) muss den Schülern vor ihrem erstmaligen Einsatz vertraut und eingeübt sein. Einmal eingeführte Hilfsmittel sollten im Regelfall auch weiterhin bei Klassenarbeiten etc. verwendet werden dürfen.

Zeitrahmen: Die Arbeitszeit ist so zu kalkulieren, dass die Schüler nicht gehetzt sind oder zur Flüchtigkeit verführt werden. In der Regel sollte Zeit und Gelegenheit gegeben werden für eine sorgfältige Formulierung in vollständigen Sätzen und für eine ruhige Überprüfung des Geschriebenen. Von der Alters- und Schulstufe abhängig ist, ob ein Schreiben in Kladde vor der Anfertigung einer Reinschrift eingerechnet werden muss, damit die erwartete Qualität der Formulierung und der äußeren Form gesichert ist.

Die vorgegebene Zeit für die gesamte Arbeit soll für alle deutlich sein; Vorschläge, wie viel Zeit man der Lösung einzelner Aufgaben etwa widmen sollte, können eine zusätzliche Hilfe sein.

Die Arbeitszeit sollte im Laufe der Arbeit nicht verändert werden, um nicht diejenigen zu benachteiligen, die sich auf die ursprüngliche Zeitangabe eingestellt haben. Kurz vor dem Ende der Arbeitszeit sollte der Lehrer laut einen entsprechenden Hinweis geben. Um aus Erfahrungen lernen zu können, ist eine Dokumentation des Zeitablaufs (Dauer der Aufgabenbearbeitung oder Zeitpunkt des Beginns oder Endes) für Lehrer und Schüler hilfreich. Über die Auswertung der Erfahrungen, die Korrekturen bei der nächsten Prüfung und die erneute Auswertung kann die Basis für ein individuelles Zeitmanagement gelegt werden.

2.4.4 Transparenz der methodischen Dimension

Die methodischen Anforderungen der einzelnen Aufgaben sollten vor dem eigentlichen Beginn der Lernerfolgskontrolle in der Klasse daraufhin geprüft werden, ob sie von allen verstanden sind (Liste von Operatoren im

Zentralabitur). Die Schüler müssen also zuverlässig wissen, was sie z. B. bei einer Textwiedergabe, einer Texterläuterung und einer Texterörterung zu leisten haben und welche unterschiedlichen Anforderungen in diesen Aufgabentypen exakt enthalten sind. Diese Anforderungen und die entsprechenden qualitativen wie quantitativen Bewertungsmaßstäbe müssen den Schülern vor der Arbeit bekannt sein, auch der Schwierigkeitsgrad und das Gewicht, das einzelne Aufgaben für die Gesamtbewertung haben.

Die Aufgaben sollen dem unterschiedlichen Leistungsstand der Schüler gerecht werden: Mit der Reproduktion des Gelernten kann eine ausreichende Leistung erreicht werden, doch – wenn von der Sache her möglich – dürfen die Schüler auch mit der Lösung reizvoller Probleme besonderes Wissen und Können beweisen.

Mündliche Zusatzinformationen während der Arbeitszeit sind immer ein Zeichen von unpräziser Aufgabenstellung und daher zu vermeiden (in Prüfungssituationen wie dem Abitur oder den Ü-10-Prüfungen sind sie schlicht verboten.). Falls trotzdem eine Situation eintritt, in der berechtigte Fragen von Schülern auftauchen, muss umsichtig geprüft werden, ob im Einzelfall auf Fragen dieser Art eingegangen und Lösungshilfen während der Arbeit gegeben werden sollen. Die dadurch mögliche Verbesserung des Arbeitsklimas darf nicht damit erkauft werden, dass einzelne Schüler, die ohne solche Hilfe bleiben, sich benachteiligt fühlen oder dass eine Störung der Arbeitsruhe damit verbunden ist. Notfalls sollten also alle aufgefordert werden, ihre Arbeit kurz zu unterbrechen und zuzuhören.

Der Lehrer muss entscheiden, ob Informationen zur Weiterarbeit von zentraler Bedeutung sind. Der Schüler könnte eine hohe strategische oder metakognitive Kompetenz nachweisen, wenn in der Bearbeitung oder Reflexion die Auswirkung der fehlenden Information mit bedacht wird.

2.4.5 Ansprüche an die Prüfungssituation

Die Schüler müssen die Lernsituation von der Lernerfolgskontrollsituation unterscheiden können:

In der Lernsituation sind Fragen erwünscht, Fehler dürfen gemacht werden; bewertet werden nur Erfolge, nicht das Scheitern an einer Aufgabe. Schüler können auf Hilfe von der Gruppe und vom Lehrer bauen, wenn sie eine Fehleranalyse machen und aus den Fehlern Konsequenzen ableiten wollen.

In der Situation, in der Lernerfolge kontrolliert werden sollen, ist die selbstständige Bearbeitung von Aufgaben gefordert. Das Gelernte soll verfügbar sein, auch ein Misserfolg wird registriert. Die Schüler sollten durch nicht benotete kleinere Übungsarbeiten und Tests auf die Situation der Lernerfolgskontrolle als solche eingestellt und auf ihre Art vorbereitet sein.

Während der Erarbeitung des Stoffs wird bereits über besondere Vorbereitungsmöglichkeiten auf die Kontrolle gesprochen. Auch in der Arbeit geforderte Transferleistungen sollen so vorbereitet werden, dass die in der Arbeit gestellten neuen Aufgaben nach dem Wissen und nach den erlernten Lösungsverfahren bewältigt werden können. Besonderer Prüfungsgegenstand soll nur sein, was seit der vorangegangenen Lernerfolgskontrolle Unterrichtsgegenstand war. Die Wissensvoraussetzungen sollen verfügbar, die Verfahren zur Lösung eingeübt, die Prüfungsaufgaben selbst aber noch nicht in der vorgelegten Form vorher gelöst sein, sodass noch Reiz besteht, sie zu bearbeiten.

2.4.6 Vier Leitfragen

Die folgenden vier Leitfragen für den Lehrer vor und nach Klassenarbeiten haben wir der Literatur entnommen. Wir möchten sie als brauchbaren Orientierungsrahmen weiterempfehlen:

1. Habe ich alles mir Mögliche getan, um die Schülerinnen und Schüler auf diese Probe vorzubereiten? War ausreichend Gelegenheit zum Üben und Wiederholen? Sind die Ziele deutlich und die Wege, auf denen sie zu erreichen sind? Wissen alle, worauf es jetzt ankommt?
2. Ist die Aufgabe aufgrund der gegebenen Voraussetzungen lösbar? Weiß jeder, wie eine gute Lösung aussehen sollte? Ist die Aufgabe verständlich, eindeutig und altersgerecht? Bietet sie eine Chance, dass man Spaß bei der Lösung haben kann?
3. Bekommt die Schülerin oder der Schüler mit dieser schriftlichen Arbeit einen für sie oder für ihn wichtigen Hinweis zu den Lernfortschritten. Bekommt sie oder er Hilfen, sie zu vervollkommnen?
4. Mache ich auf positive Entwicklungen und Aussichten deutlich genug aufmerksam und stärke damit Leistungsfähigkeit und Selbstwertgefühl dieser Schülerin oder dieses Schülers?

(ALBRECHT, DIETRICH, Die Rahmenbedingungen für Klassenarbeiten verändern, in: Behörde für Schule, Jugend und Berufsbildung (Hg.), 1989)

2.5 Schülerselbstbewertung

2.5.1 Funktion und Ziele der Selbstbewertung

Das Verständnis von Lernen als höchst individueller Prozess der Konstruktion von Wirklichkeit legt nahe, die Bewertung der Ergebnisse und des Verlaufs dieses Prozesses nicht ausschließlich in die Hände des Lehrers zu geben. Je mehr der Prozess, insbesondere die darin angewandten Strategien, in die Bewertung eingehen soll, desto stärker ist der Lehrer auf die Mitwirkung der Schüler angewiesen. Wenn in die Phase der Leistungserbringung noch kooperative Formen integriert waren, gilt dies umso mehr. Nur mit den Schülern kann der Lehrer eine Validierung seiner Bewertung vornehmen.

Wenn sich allerdings die Selbstbewertung auf die Frage nach der Übereinstimmung der Benotung durch Schüler und Lehrer beschränkt, greift sie zu kurz und setzt sich dem Risiko aus, als Spielerei angesehen zu werden, da der Lehrer in der Benotung immer das letzte Wort hat und aus seiner Verantwortung auch nicht entlassen werden kann, wenn es um Zertifikate und Berechtigungen geht. Darüber hinaus ist es wohl eine Überforderung oder gar Zumutung für Schüler, in der Notenfindung für die Zeugnisse eigene Schwächen oder Fehler einzubringen, die möglicherweise vom Lehrer gar nicht entdeckt worden wären. Werner Sacher schlägt in diesem Zusammenhang vor, „verschiedene Ebenen der Beurteilung zu unterscheiden:
• eine Unterrichtsebene mit laufenden Feedbacks, Lernhilfen, Lernberatung, aber auch Selbsteinschätzungen und -beurteilungen während der Lern- und Leistungsprozesse
• eine Berichtsebene mit periodisch erstellten Lernberichten und
• eine Promotionsebene mit Zeugnissen, Versetzungs- und Übertrittsentscheidungen." (Sacher 2004, S. 225)
Für ihn ist klar, dass Selbstbewertung hauptsächlich der ersten Ebene zuzuordnen ist, gelegentlich in der zweiten Sinn machen kann, aus der letzten Ebene aber herausgehalten werden sollte.

Felix Winter bestätigt diese Sichtweise: Die Selbstbewertung „dient nicht nur der sachgerechten Einschätzung von Lernprozessen und Produkten, sondern der Ausbildung der Fähigkeit zur Reflexion und Bewertung." (Winter, 2004, S. 236) Noch genauer formuliert Thorsten Bohl: „Selbstbeurteilung dient der Reflexion über eigene Arbeit und Leistung mit dem Ziel, das eigene Lernverhalten besser kennen zu lernen und dadurch kontrollierbarer zu machen. Die eigene Leistungsfähigkeit kann dann eher realistisch eingeschätzt werden, was wiederum eher Erfolg versprechende Handlungen erwarten lässt: Auftretende Lernsituationen können eher antizipiert werden, Handlungen werden selbständiger und selbstbewusster ausgeführt." (Grunder/Bohl 2001, S. 31) Die hier formulierte Funktion der Selbstbewertung gilt für die Schule, aber vor allem auch für die Phasen selbst organisierten Lernens im Erwachsenenalter. Selbstbewertung ist also ein Instrument der Steuerung und Optimierung von Lernprozessen und sollte in der Schule erlernt werden können.

Über die instrumentelle Funktion hinaus ist Selbstbewertung ein Element der Erziehung. Schüler werden dahin geführt, die Verantwortung für konkrete Leistungen zu tragen, wenn die Selbstbewertung die Analyse der Faktoren einschließt, die zur Leistung geführt haben. Die Zuschreibung von eigenen Anteilen und die Differenzierung von externen Faktoren ermöglichen eine realistische Einschätzung der eigenen Fähigkeiten insbesondere dann, wenn die Selbsteinschätzung mit einer Fremdeinschätzung konfrontiert werden kann, die sich an identischen Kriterien orientiert (siehe Selbsteinschätzung zum kooperativen Lernen).

Ein Beispiel dafür, dass die Integration von Selbst- und Fremdbewertung an feststehenden Kriterien erfolgreich zur Grundlage eines Ausbildungskonzeptes gemacht werden kann, findet sich außerhalb der Schule. Der Daimler-Chrysler-Konzern hat es in seinem Konzept „Ausbildung im Dialog" realisiert.

2.5.2   Selbstbewertung lernen

Nachdenken über Leistungen, über Gründe für Misserfolge oder über die Frage nach dem/der Verantwortlichen ist so alt wie die Schule selbst. Die Aufforderung „Da denk doch mal drüber nach!" ist wohl jedem noch aus Schule und Elternhaus geläufig. Dass Reflexionen in einer schriftlichen Fassung viel Stoff für Gespräche zwischen Schülern und Lehrer produzieren, aber auch Selbstkritik initiieren können, zeigt das folgende Beispiel aus der Sekundarstufe II. Die Aufgabe war, zu beschreiben, welche Faktoren zur Nicht-Einhaltung des vereinbarten Zeitplans für ein Referat zum Thema „Parteien" geführt haben. Daraus ist der folgende Text entstanden:

Warum wir den Zeitplan nicht eingehalten haben:

Als wir mit unserer Parteiarbeit begonnen haben, waren wir motiviert und haben gedacht, dass wir unsere Arbeit locker in drei Wochen beendet hätten. Da wir im Dezember jede Woche mindestens zwei Klausuren geschrieben haben, waren wir ziemlich gestresst und haben die Parteiarbeit aufgeschoben. Als wir dann Ferien hatten, wollte jeder von uns nur RUHE VOR(N) SCHULE.

Wir haben uns einen Plan gemacht, in dem wir festgelegt haben, was wir wissen müssen und vortragen wollen. Wir haben unseren Plan nicht konsequent eingehalten. Bei Themen, die nicht so provokant und trocken sind, ist es einfacher. Insgesamt haben wir die Arbeit einfach unterschätzt. Wir haben viel mündlich gemacht, anstatt konkret an der Aufgabe zu bleiben. Neben den vielen guten Seiten der Gruppenarbeit gibt es auch negative Seiten. Nicht, dass wir uns nicht verstanden hätten! Das war überhaupt kein Problem, aber als Gruppe ist es schwerer, sich zu organisieren. Uns ist bewusst, dass all diese „Gründe" keine Rechtfertigung sind, und das sollen sie auch nicht sein. Wir haben ein gutes, interessantes Thema gekriegt, Sie haben uns unterstützt, wir kommen prima miteinander aus: Eigentlich sollte man da denken, dass nichts schief gehen kann (so wie wir uns das gedacht haben). Da fast alle aus unserem Kurs ihre Parteiarbeit nicht fertig hatten, glaube ich schon, dass „schlechte Erfahrungen mit Lernen" ein Grund war. Aber wenn wir ehrlich zu Ihnen und uns selber sind, wissen wir alle, dass wir selber Schuld tragen. Man hätte sich treffen können, man hätte seine Aufgaben fertig machen können; wir haben jede Möglichkeit von Ihnen gekriegt, die man kriegen kann. Wenn Sie uns unter Druck gesetzt hätten, wären wir wahrscheinlich pünktlich fertig gewesen und Sie hätten uns Noten geben können. Das nächste Mal hätten Sie uns dann wieder unter Druck setzen müssen, und das Mal darauf wieder und wenn Sie es nicht tun, dann tun wir nichts. Das wäre dann die Folge. So ist Schule, wie wir sie kennen. Und jetzt? Außenstehende würden sagen, dass man ja sieht, was dabei rauskommt, wenn man keinen Druck ausübt: NICHTS! Das stimmt nicht, weil es uns nämlich leid tut, dass wir Ihre Gutmütigkeit ausgenutzt haben und wir haben dabei ganz sicher viel mehr gelernt als nur ein Parteiprogramm oder sonst ein Thema in der Schule. Wir hoffen, dass wir demnächst verantwortungsbewusster mit unseren Aufgaben umgehen.
Danke für Ihr Verständnis: Astrid, Nina und Miriam

In dem Text wird deutlich, dass die Analyse der Faktoren, die zu der Nicht-Einhaltung des Zeitplans geführt haben, durchaus differenziert erfolgt. Auch der in der Schule wirksame Mechanismus wird erkannt und erklärt, aber Konsequenzen oder Kriterien für zukünftiges Verhalten, nach denen eine Bewertung des Verhaltens erfolgen könnte, werden nicht benannt.

Wenn Nachdenken über die eigene Leistung zu einer Bewertung führen soll, müssen Schüler lernen, einen Maßstab anzulegen, Kriterien zu benutzen, nach denen Leistung gemessen und mit anderen verglichen werden kann. Das ergibt sich nicht automatisch im Arbeitsprozess, sondern bedarf einer gezielten Erarbeitung von Kriterien und Indikatoren, die für Schüler verständlich sind und gleichzeitig Kompetenzen differenzierbar erfassen. Ein gelungenes Beispiel, das allerdings mit immensem Aufwand entwickelt wurde, ist die Selbstbewertungsskala aus dem Europäischen Sprachenportfolio. Sie ist integriert in einen internationalen Referenzrahmen, entwickelt im Auftrag des Europarates.

2.5.3 Auf dem Weg zu einer differenzierteren Sicht der eigenen Leistungen

Die Frage, die sich jedem Lehrer stellt, der Schüler ohne Erfahrungen in der Selbstbewertung dazu anleiten möchte, lautet:

Wie schaffe ich es, die Wahrnehmung der Schülerinnen und Schüler auf einzelne Aspekte ihrer Lernleistungen zu richten und diese auch als von internen Faktoren bestimmt zu erfahren? Dabei helfen folgende Instrumente:

- Lern- oder Arbeitsjournal als Reflexionsbasis (persönliche Projektberichte)
- offene Bewertung und Anwendung von Kriterien in der Klasse (z. B. Mustertexte, Aufgabenbearbeitungen)
- Selbsteinschätzung im Zusammenhang mit dem Verfahren „Notenpool" (siehe Bewertung von Gruppenarbeiten)

Das Verfahren wird aus dem folgenden Arbeitsauftrag an die Gruppe deutlich.

1. Jede Gruppe hat die Aufgabe, den Arbeitsprozess und die Ergebnisse selbst zu beurteilen. Ziel ist es, jedem Mitglied der Arbeitsgruppe eine Note zu geben. Dazu bekommt jede Gruppe vom Lehrer eine vorgegebene Gesamtpunktzahl, die sich aufgrund seiner Notenvorstellungen ergibt. Diese Gesamtpunktzahl ist unter den einzelnen Gruppenmitgliedern zu verteilen. Von der Gesamtpunktzahl kann geringfügig abgewichen werden, wenn es im Plenum überzeugend begründet wird.
   Bei der Bewertung der Leistungen der einzelnen Arbeitsgruppenmitglieder können sich die Gruppen an folgenden Kriterien orientieren:

- Beiträge zum Erreichen des Gruppenzieles
- Qualität der Beiträge
- Übernahme von Aufgaben
- Engagement, Einsatz, Ausdauer

2. Der Prozess der Leistungsbewertung der einzelnen Mitglieder sollte ausführlich in der Arbeitsgruppe diskutiert werden, bis nach Möglichkeit eine Einigung über die zu vergebende Punktzahl unter allen Gruppenmitgliedern erzielt wurde. Falls keine Einigung zustande kommt, kann aus den anderen Gruppen ein Schlichter gewählt oder die Lehrkraft gebeten werden, dieses Gespräch zu moderieren.

3. In einer abschließenden Gesprächsrunde erläutert jede Gruppe ihre Bewertungen. Die Lehrkraft legt ihre Einschätzung ebenfalls offen.

Schriftliche Befragungen können die Aspekte wesentlich weiter differenzieren, erfordern aber auch mehr Zeit, wenn die Ergebnisse zusammengetragen und dann diskutiert werden sollen, was für die folgende Kursplanung sinnvoll ist. Zur Vorbereitung auf die Bearbeitung des Fragebogens ist es dienlich, abgelaufene Unterrichtseinheiten zunächst noch einmal genauer zu rekapitulieren. Das hat sich bei längeren Unterrichtseinheiten bewährt und als gute Planungsbasis für den folgenden Prozess erwiesen.

Fragebogen
zur Nachbereitung der Unterrichtseinheit:

_____ im Fach:

_____ vom _____ bis _____

1. Im Unterricht können Sie Kompetenzen in unterschiedlichen Lernfeldern erwerben. Bitte beurteilen Sie in den einzelnen Feldern, ob Sie viel (1), wenig (2) oder gar nichts (3) dazugelernt haben und ob Sie sich darin sehr (1), einigermaßen (2) oder nicht (3) kompetent fühlen. Tragen Sie die entsprechenden Zahlen bitte in die Kästen ein.

	Lernzuwachs	Kompetenz
1. Zielerreichendes, fachliches Lernen Erwerb von inhaltlichem, fachlichem Wissen, von Fähigkeiten und Fertigkeiten		
2. Methodisch-strategisches Lernen Erwerb von Arbeitstechniken und Lern- verfahren, die auch für künftige Lebens- situationen von Bedeutung sein werden		
3. Soziales, kommunikatives Lernen Erfahrungen in Gruppen im Umgang miteinander und in der Gestaltung eines positiven sozialen Klimas		
4. Selbsterfahrung und selbst beurteilendes Lernen Erfahrung und Selbsteinschätzung der eigenen Stärken und Grenzen		

Neben Veränderungen im Wissen können sich auch Haltungen und Einstellungen ändern, kann sich das Gelernte auch auf zukünftiges Handeln auswirken.
Registrieren Sie dazu bei sich Veränderungen: ja / nein
Wenn ja, welche? _____

_____

Bitte überlegen Sie abschließend, wie Sie Ihren Beitrag zur Erreichung der Unterrichtsziele beurteilen. Wenn Sie können, sollten Sie einen konkreten Vorschlag machen, wie Ihre Mitarbeit im Unterricht benotet werden sollte:

_____

_____

Können Sie Ihren Vorschlag kurz begründen?

Aufgabenstellung in Klausuren: Im Anschluss an die inhaltliche Bearbeitung der Aufgaben in Klausuren wird eine abschließende Reflexion verlangt. Ein Beispiel:

Reflektieren Sie zum Abschluss den Verlauf der Klausur. Sie können sich dabei an folgenden Fragen orientieren:
- Waren der Text und das Thema Ihrer Meinung nach dem Unterrichtsverlauf entsprechend gewählt?
- Wie beurteilen Sie die Vorbereitung auf die Klausur? Was könnten Sie verbessern?
- Erscheint Ihnen der Schwierigkeitsgrad der Aufgaben angemessen? Wo gab es Probleme bei der Bearbeitung der Aufgaben?
- Wie beurteilen Sie die Qualität Ihrer Leistung? (Sie können einen Notenvorschlag machen, müssen das aber nicht.)

Die ersten Durchgänge dienen nur der Einübung. Erst wenn die Schüler Erfahrung im Umgang mit Reflexionsaufgaben haben, z. B. den Zeitumfang der Bearbeitung einschätzen können, ist auch eine Bewertung möglich, wenn Erwartungen und Gewichtung im Verhältnis zu den anderen Aufgaben in einer Klausur deutlich definiert werden.

2.6 Beurteilung von Gruppen- und Teamarbeit

2.6.1 Benotung des Gruppenergebnisses und Stellungnahme durch die Gruppe

Eine differenzierte Bewertung von Gruppenleistungen, die ja zumeist in gemeinsam geschaffene Produkte einfließen, führt zur entscheidenden Frage: Wie lassen sich die Gruppen an der Bewertung beteiligen, ohne sie zu überfordern? Wer sagt, das sei nicht möglich, der ist darauf angewiesen, ausschließlich seine eigenen Beobachtungen zur Grundlage der Differenzierung zu machen.

Wer die Integration der Schüler als entlastend und notwendig für das Entwickeln von *Selbstbewertungskompetenz* ansieht, wird zumindest einen ersten Schritt vornehmen wollen: Der Vorschlag zur Bewertung des Gruppenproduktes wird der Gruppe zur Stellungnahme vorgelegt.
Die Gruppen diskutieren unabhängig vom Lehrer, sie werden aber auf die Punkte hingewiesen, die bei der Bewertung von Bedeutung waren. Die Gruppen sollten in ihrer Stellungnahme darüber entscheiden, ob es eine gemeinsame Note für alle Gruppenmitglieder gibt oder welche Note sie für die einzelnen Schüler vorschlagen.

Notenpool: Die weitestgehende Anforderung an die Selbstbeurteilungskompetenz beinhaltet ein Verfahren, in dem zuerst die Schüler einen Vorschlag für die Bewertung der Gruppe bzw. der Einzelmitglieder vornehmen und diese der Gesamtgruppe und dem Lehrer vorschlagen. Diesem bleibt allerdings die Entscheidung vorbehalten. Anderes lassen die Erlasse nicht zu. Es würde auch zu einer Überforderung der Schüler kommen.

Die Gruppe bekommt einen Pool an Punkten, der aus der Multiplikation der Note für das Gruppenergebnis mit der Zahl der Gruppenmitglieder erwächst.

Beispiel:
Note für das Gruppenergebnis: 10 Punkte
Zahl der Gruppenmitglieder: 5
Notenpool: 50 Punkte
                                    (die unterschiedlich verteilt
                                    werden können)

Den Schülern werden die Aspekte benannt, nach denen sie die Leistungsbewertung vornehmen können. Sie sollten in schriftlicher Form vorliegen, um während der Diskussion darauf Bezug nehmen zu können. Das folgende Beispiel ist angelehnt an die Materialien des Niedersächsischen Kultusministeriums für berufsbildende Schulen:

Bewertung / Selbsteinschätzung
Liebe Schülerinnen und Schüler,
wir stehen nun vor der Aufgabe, die zurückliegenden Wochen der gemeinsamen Arbeit auch unter dem Gesichtspunkt der Bewertung der erbrachten Leistungen einzuschätzen. Zu diesem Zweck will ich jeder Arbeitsgruppe die Gelegenheit geben, den Prozess ihrer Arbeit und die erzielten Ergebnis-

se selbst zu analysieren und zu bewerten.
Dazu schlage ich folgende Vorgehensweise vor:

1. Jede Gruppe hat die Aufgabe, den Arbeitsprozess und die Ergebnisse selbst zu beurteilen. Ziel ist es, jedem Mitglied der Arbeitsgruppe eine Note zu geben. Dazu bekommt jede Gruppe von mir eine vorgegebene Gesamtpunktzahl, die sich aufgrund meiner Notenvorstellungen ergibt. Diese Gesamtpunktzahl ist unter den einzelnen Gruppenmitgliedern zu verteilen. Von der Gesamtpunktzahl kann geringfügig abgewichen werden, wenn es im Plenum überzeugend begründet wird.

Bei der Bewertung der Leistungen der einzelnen Arbeitsgruppenmitglieder können sich die Gruppen z. B. an folgenden Kriterien orientieren:
- Beiträge zum Erreichen des Gruppenzieles
- Qualität der Beiträge
- Übernahme von Aufgaben
- Engagement, Einsatz, Ausdauer

2. Der Prozess der Leistungsbewertung der einzelnen Mitglieder sollte ausführlich in der Arbeitsgruppe diskutiert werden, bis nach Möglichkeit eine Einigung über die zu vergebende Punktzahl unter allen Gruppenmitgliedern erzielt wurde. Falls keine Einigung zustande kommt, kann die Gruppe aus den anderen Gruppen einen Schlichter wählen oder die Lehrkraft bitten, dieses Gespräch zu moderieren.

3. In einer abschließenden Gesprächsrunde erläutert jede Gruppe ihre Bewertungen. Die Lehrkraft legt ihre Einschätzung ebenfalls offen.

2.6.2 Selbstbewertung durch die Gruppe

Alle beschriebenen Verfahren setzen voraus, dass insbesondere die *Sozial- und Kommunikationskompetenz* in den Gruppen gut ausgebildet sind. Sie erfordern zudem, dass die Lehrkraft in Konfliktfällen ein Verfahren anbieten kann, in dem die Gruppen Hilfe zur Selbsthilfe finden. Notfalls kann sie auch selbst in die Konfliktschlichtung einsteigen. Wenn auch die Anforderungen hoch sind, die Leistungsbeurteilung gewinnt auf diese Weise ein neues Profil. Selbstbeurteilung und Intersubjektivität sind Voraussetzungen und gleichzeitig Ziel. Das Spektrum der Aspekte vergrößert sich, aber insgesamt wächst die Transparenz. Auch wenn das Verfahren Unsicherheiten produziert, die Erfahrung zeigt, dass nach erfolgreichem Abschluss die Atmosphäre in der Gesamtgruppe bereinigt ist.

Eine Ergänzung zu den vorhergehenden Überlegungen betrifft die Verknüpfung von Gruppenarbeitsphasen und *schriftlichen Arbeiten/Klausuren*. Wie kann ein gemeinsamer Lernstand erreicht werden, den man abfragen kann? Dieses Problem führt dazu, dass längere Arbeitsphasen in Gruppen selten sind, obwohl sich erst darin eine Schulung in sozialen und methodischen Kompetenzen voll entfalten könnte.

Eine mögliche Lösung besteht darin, die *Differenzierung*, die in der Gruppenarbeit wirksam geworden ist, in die Klausur zu übernehmen. Man kann die Aufgabenstellung in einem Teil gruppenspezifisch gestalten und in dem anderen Teil auf eine gemeinsame Thematik ausrichten. Wenn Unterricht z. B. in Theorieanteile und Fallstudien aufgeteilt ist, lassen sich solche Verknüpfungen leicht finden. Aufwand erfordert die Gestaltung der gruppenspezifischen Aufgabenstellung. Abwechslung und Vielfalt der Ergebnisse könnten bei der Korrektur dazu ein Pendant bilden.

2.6.3   Das Gruppenpuzzle

Bei der Inszenierung eines *Gruppenpuzzles* können die Schüler durch den Wechsel von Individual- und Gruppenarbeit, den Wechsel von eigenem Lernen und dessen Weitervermittlung an die Gruppenpartner das jeweilige Thema zu ihrer eigenen Sache machen. Der Unterschied zu normalem Gruppenunterricht (Greving, Meyer, Paradies 1993) besteht darin, dass die Schüler sich nicht nur arbeitsteilig und kooperativ in kleinen Gruppen etwas selbstständig erarbeiten können, sondern auch selber als Vermittler von Wissen gefordert sind, also auch didaktische Fähigkeiten entwickeln müssen. Das Gruppenpuzzle ist eine Form des Gruppenunterrichts, die in geradezu idealer Weise die Vorteile des Gruppenunterrichts, insbesondere die Herausbildung von Kooperationsfähigkeit, mit dem individuellen Leistungprinzip verbindet. Alle Mitglieder können beim Gruppenpuzzle nur dann erfolgreich sein, wenn sie sowohl gemeinsam und miteinander als auch individuell und allein ihr Bestes geben. Ein komplexer Wissensinhalt wird durch einen mehrfachen Wechsel von *Stammgruppenarbeit* (siehe unten) und *Expertengruppenarbeit* angeeignet und zum Schluss auch überprüft.

Ablauf: Zunächst werden so genannte *Stammgruppen* gebildet, die dann, wenn ein Thema nach z. B. vier verschiedenen Aspekten behandelt werden soll, auch vierköpfig sein müssen. In der ersten (Stammgruppen-) Phase wird eine gemeinsame Aufgabe verteilt und angegangen – jetzt können Probleme beim Aufgabenverständnis geklärt, unbekannte Fremdwörter erläutert oder erste Leseeindrücke diskutiert werden. Dies ist sicher abhängig vom Schwierigkeitsgrad der Materialien und der Leistungsfähigkeit der Lerngruppe.

In einem zweiten Schritt werden vier *Expertenthemen* benannt und an die Tafel geschrieben. Die vier Mitglieder jeder Gruppe einigen sich auf je einen zukünftigen Experten für jeden Aspekt. Am Ende dieser ersten Phase gibt es bei z. B. angenommenen 20 Schülern also fünf Stammgruppen mit je einem Experten für die Aufgabe A, B, C und D.

1. Phase: Stammgruppenrunde				
1	2	3	4	5
A B	A B	A B	A B	A B
C D	C D	C D	C D	C D

In der zweiten Phase bilden sich analog zu den vier Fragestellungen vier *Expertengruppen*. Diese Expertenteams müssen jetzt anhand weiterer Materialien ihr Spezialgebiet gemeinsam erarbeiten.

2. Phase: Expertenrunde			
A A	B B	C C	D D
A	B	C	D
A A	B B	C C	D D

In der dritten Runde bilden sich wieder die ursprünglichen Stammgruppen. Hier hat jetzt jeder Experte die Aufgabe, den anderen drei Gruppenmitgliedern innerhalb eines vorgegebenen Zeitrahmens möglichst präzise und effektiv die im Expertenteam erarbeiteten *Erkenntnisse zu vermitteln*. Da die Schülerinnen und Schüler dies schon vorher wussten, spielen also bereits seit der zweiten Phase neben dem Erwerb von Sachkompetenz mögliche Modalitäten der Vermittlung des je selbst erworbenen Wissens eine gewichtige Rolle. Die Schülerinnen und Schüler müssen selbstverantwortlich und eigenständig lernen, sinnvolle Aufzeichnungen zu machen, die sachlich wichtigen Details präzise darzustellen, Kontrollfragen an die anderen Mitglieder der Stammgruppe zu entwickeln und dergleichen mehr.

Am Schluss dieser Phase müssen also in allen Stammgruppen alle Schülerinnen und Schüler über das, was in den Expertenteams gelaufen ist, informiert sein.

In der vierten Runde wird ein *Leistungstest in Einzelarbeit* geschrieben. Dies mag auf den ersten Blick verwundern, findet aber folgende Erklärung: Nur in der Form der isolierten Einzelarbeit ist sowohl die Qualität der Arbeit in den Expertenteams als auch die didaktische Fähigkeit der jeweils drei anderen Stammgruppenmitglieder überprüfbar. Würde ein Gruppentest geschrieben, wäre jeder Experte darauf erpicht, sein Spezialgebiet zu bearbeiten. Damit fiele der eben erwähnte zweite Gesichtspunkt weg, nämlich die Fähigkeit, anderen Wissen zu vermitteln.

Vor der letzten Phase werden die Tests ausgewertet und dann gruppenweise gewichtet und zurückgegeben! Also nicht die Einzelleistung der 20 Schülerinnen und Schüler ist entscheidend, sondern die jeweilige Gesamtleistung der Gruppe. Es gewinnt trotz der Bedeutung der individuellen Einzelleistung im Test letztlich die Gruppe, in der die Vermittlungsarbeit an die jeweiligen drei Nichtexperten am erfolgreichsten war. Mit dem Gruppenpuzzle werden eine Reihe unterschiedlicher Lernziele verfolgt:

- selbstständige Erarbeitung von Wissen aus Texten oder sonstigen Materialien,
- Förderung des individuellen Interesses durch Trennung der Lernwege der Stammgruppenmitglieder,
- sinnvolle Synthese der unterschiedlichen Lernleistungen in der Abschlussphase,
- möglichst effektive Weitergabe dieses Wissens an die Mitschüler.

2.7 Beurteilung von Projektarbeit

Projektlernen und Leistungsbewertung sind zwei Elemente, die in der Schule alltäglich, aber selten gemeinsam auftreten. Auch hier ist die *komplexe Lernstruktur* des Projektunterrichts meistens die Barriere: Wie sollen wir den vielfältigen Prozessen, die in einer Projektphase stattfinden, gerecht werden? Das ist eine häufig gestellte Frage, eine andere: Beziehen Schüler nicht auch einen Teil ihrer Arbeitsfreude an Projekten aus dem Fehlen der Bewertung in Form von Noten? Die letzte Frage gilt es ernsthaft zu bedenken, die erste führt zu Überlegungen, die in der Praxis erprobt und bestätigt wurden.

Es ist unbestritten: Der Lehrer muss über alle Lernbereiche Rückmeldung geben oder organisieren. In Form von Noten/Punkten lässt sich das am ehesten an dokumentierbaren Leistungen, an Produkten realisieren. Diese Produkte sind:

* der anfänglich aufgestellte Arbeitsplan,
* das zu Projektbeginn mit den Schülern vereinbarte Ergebnis ihrer Arbeit in der Gruppe,
* die Zwischenstandsberichte (mündlich, schriftlich),
* der (individuelle) Arbeitsprozessbericht,
* die Präsentation vor Publikum (methodisch, inhaltlich).

Gruppenergebnis/Arbeitsprodukt: Die Kriterien, nach denen das Arbeitsprodukt bewertet wird, sollten vorher vereinbart oder vorgegeben sein. Zwei Aspekte bestimmen in der Praxis die Bewertung:

* der Sachbezug,
* die Vermittlungsqualität.

Beide Aspekte werden auch in der Literatur zum Projektunterricht als wesentliche Beurteilungsaspekte für das Produkt immer wieder genannt, wenn auch unterschiedlich differenziert.

2.7.1 Der Arbeitsprozessbericht

Im Arbeitsprozessbericht werden die Erfahrungen der Schüler dokumentiert und unter inhaltlichen, methodischen und sozialen Aspekten reflektiert. Statt diese im Einzelnen auszuführen, soll hier ein Beispiel aus den schon einmal erwähnten „Materialien zur Integration von Lerngebieten für Berufsbildende Schulen" zeigen, dass auch komplexe Sachverhalte in einer Sprache abgefragt werden können, die für Schüler aller Schulformen verständlich ist.

Abschlussbericht zur Projektarbeit
Nach Abschluss der Projektarbeit sollen Sie noch einmal über die Arbeit in Ihrer Gruppe nachdenken. Schreiben Sie Ihre Gedanken in vollständigen Sätzen auf maximal drei Seiten auf. Der von Ihnen abgegebene Bericht wird nach Inhalt, Sprache (Rechtschreibung, Zeichensetzung, Grammatik, Ausdruck) und Form (Gliederung, Sauberkeit, Schrift ...) benotet.

In dem Bericht sollten Sie auf folgende Fragen eingehen:
* Warum haben Sie das Thema gewählt?
* Wie hat Ihre Gruppe die Themen-/Aufgabenstellung bewältigt?
* Was haben Sie in welcher Reihenfolge gemacht?

- Welche Aufgaben haben Sie übernommen? Warum gerade diese?
- Welche Schwierigkeiten gab es bei der Beschaffung des benötigten Informationsmaterials und dessen Auswertung? Wie haben Sie diese gelöst?
- Wie war die Zusammenarbeit in der Gruppe?
- Wie wurde festgelegt, wer was macht?
- Haben Sie einander geholfen? Hat sich dabei jemand besonders ausgezeichnet?
- Gab es Streit? Wie wurde er beigelegt?
- Haben alle in etwa gleichviel gemacht?
- Haben Sie sich wohl gefühlt in Ihrer Gruppe? Warum/warum nicht?
- Was hat die Projektarbeit gebracht?
- Was haben Sie gelernt?
- Hat sich Ihr Verhältnis zu Ihren Mitschülerinnen und Mitschülern verändert? Wenn ja, wie, und worauf ist dies zurückzuführen?
- Was war an der Projektarbeit nicht so gut?
- Wie würden Sie die Arbeit Ihrer Gruppe bzw. Ihre individuelle Arbeit bewerten? Begründen Sie jeweils.
- Welche Note würden Sie Ihrer Gruppe für die geleistete Arbeit geben?
- Welche Note würden Sie sich selbst geben?

Die Qualitätsunterschiede, so die Erfahrung, lassen sich innerhalb und zwischen den Feldern *„Beschreibung"* und *„Reflexion"* ermitteln. Im Letztgenannten zeigt sich der Lernprozess am ehesten an Verbesserungsvorschlägen, die sich auf künftige Projekte beziehen.

Die Qualität der Arbeitsprozessberichte wird im Vorfeld häufig kritisch betrachtet, und das mit Recht, wenn Schüler nicht vorbereitet sind. Lerntagebücher und Gruppenprotokolle können eine solide Datenbasis liefern, die Information über die Reflexionsbereiche die Wahrnehmung schärfen.

Dazu kann die Benennung von *Erfolgskriterien* kommen, die der Gruppe erlauben, sowohl im Prozess als auch in Bezug auf das Ergebnis festzustellen, ob sie den vereinbarten Zielen näher kommt bzw. ob sie diese erreicht hat. Hier lehnt sich Projektarbeit an *Projektmanagement* an, in dem Evaluation (bzw. Controlling) ein wesentlicher Bestandteil ist. Der Grundsatz, Selbstevaluation geht vor Fremdevaluation, führt zu Formen der Beurteilung, in die Schüler aktiv eingebunden werden. So ergibt sich die Chance, Bewertung im Projektunterricht, der in hohem Maße selbstbestimmtes Lernen ermöglicht, stärker als integriertes Element zu sehen, das den Lern- und Arbeitsprozess voranbringen kann, weniger als Fremdkörper, der die Zielsetzung gefährdet.

2.7.2   Leistungsbeurteilung im Projektunterricht

Die Lern- und Arbeitsprozesse im Projektunterricht werden kooperativ geplant, koordiniert und gestaltet. Probleme müssen benannt, Aufgaben gestellt und verteilt, Informationen und Materialien beschafft werden. Die Schüler erstellen Arbeitspläne, formulieren Lernziele und schließen Arbeitsverträge ab.

Sie arbeiten themenbezogen, selbstständig und fachübergreifend, deshalb ist es notwendig, die Leistungsfeststellung und -beurteilung diesen Arbeitsformen und Methoden anzupassen. Das bedeutet, dass die Schülerselbstbeobachtung, -kontrolle, -einschätzung und -beurteilung im Vordergrund der Leistungsbeurteilung stehen sollte.

Gute Erfahrungen haben wir damit gemacht, dass wir die Beurteilung als einen Arbeitsabschnitt des Projekts deklariert haben. Gemeinsam mit den Schülern legten wir Beurteilungskriterien und -verfahren fest, die dann am Ende des Projekts zum Einsatz kamen.

Je nach dem, wie viel Erfahrung eine Klasse oder ein Kurs im Umgang mit Projektarbeit hat, erscheint es uns sinnvoll, die Schwerpunkte der Leistungsbewertung zu variieren. Als Leitlinie für uns gilt: Je weniger Erfahrung eine Lerngruppe hat, desto stärkeres Gewicht legen wir auf die sozialen, methodischen und lernverhaltensmäßigen Fähigkeiten, je mehr Erfahrung eine Lerngruppe hat, desto stärker werden die Ergebnisse und Präsentationen gewichtet. Für beide Gruppen gilt: Die Beurteilungskriterien müssen mit Beginn des Projektes für jeden Schüler klar und verständlich, d. h. transparent sein.

3. Praxiskapitel: Vorschläge zur Umsetzung im Unterricht

(Bewertungs- und Beobachtungsbögen als Kopiervorlagen)

Die Arbeit mit Bewertungs- und Beobachtungsbögen bedeutet immer eine Zergliederung der zu bewertenden Leistungen bzw. des zu beobachtenden Verhaltens. Wer z. B. einen Deutschaufsatz komplett durchliest und dann sofort eine inhaltsbezogene Gesamtnote (mit entsprechendem Kommentar) unter den Aufsatz schreibt, braucht keinen Bewertungsbogen! Nur dann, wenn ganzheitliche Vorgänge oder Abläufe in Einzelaspekte untergliedert, systematisiert und damit operationalisiert werden, bedarf es einer ebenso systematisierten und operationalisierten Aufschlüsselung und neuen Zusammenfügung dieser Elemente.

Zur *Beobachtung* sind ein klar strukturierter Bogen und konkrete Kriterien notwendig. Beides muss handhabbar und alltagstauglich sein. Die Kriterien müssen für Lehrkräfte und Lernende sprachlich verständlich sein. Es hat sich bewährt, nur wenige Schülerinnen und Schüler in einer Unterrichtsstunde zu beobachten. Wahrnehmungen sind unterschiedlich, die Beobachtungsergebnisse sollten daher möglichst kommunikativ validiert werden (z. B. zwischen den Kollegen, die in einer Klasse/Lerngruppe unterrichten).

Beobachtungs- und Beurteilungskriterien müssen zunächst vermittelt und eingeübt werden, erst dann können sie beurteilt werden. Nicht alle Kriterien sind jedoch leicht operationalisierbar. Bei Kriterien aus dem fachlich-inhaltlichen Lernbereich und aus dem methodisch-strategischen Lernbereich ist dies einfacher, bei Kriterien aus dem sozial-kommunikativen und aus dem persönlichen Lernbereich schwieriger, denn Leistung ist ganzheitlich. Beobachtbare Leistungen können daher nur selten überschneidungsfrei einem bestimmten Lernbereich zugeordnet werden.

Ein weiterer wichtiger Aspekt für den Einsatz von Beobachtungsbögen ist ihre *Handhabbarkeit*: Es ergibt z. B. keinen Sinn, in eine Unterrichtsstunde zu gehen, um mit Hilfe eines Beobachtungsbogens, der 100 Fragen enthält, eine Gruppe von 30 Schulkindern zu beobachten, und diese Fragen dann womöglich noch mit Hilfe eines sechzehnstufigen Punktesystems, wie es für die gymnasiale Oberstufe gilt, auswerten zu wollen. Ein solches Projekt ist schlicht nicht realisierbar.

Ebenso wenig Sinn ergibt es aber auch, mit einem Bogen, der fünf Fragen enthält, einen einzigen Schüler beobachten zu wollen und diese Fragen dann mit „trifft zu" oder „trifft nicht zu" auszuwerten.

Wie so oft im Leben gilt es daher auch hier, die „goldene Mitte" zu treffen – also weder zu viele noch zu wenige Fragen, und weder zu viele noch zu wenige Urteilsstufen. Die Fragen richten sich immer sehr stark nach dem, was erforscht, bewertet, beobachtet werden soll. Die Urteilsstufen sind dagegen sehr viel leichter zu verallgemeinern.

Ein System wie das oben angesprochene Punktesystem der gymnasialen Oberstufe mit seinen 16 Abstufungen ist für operationalisierte Elemente unnötig kompliziert und zu fein. Ein duales Verfahren mit nur zwei Möglichkeiten („trifft zu – trifft nicht zu") hat dagegen den Vorteil, sehr einfach, schnell und effektiv in der Handhabung zu sein, aber oft den Nachteil, dass es zu grob ist und nicht jede Form der Zwischenabstufung zulässt.

Wir haben uns daher für ein *vierstufiges System* entschieden, das allen in diesem Abschnitt vorgestellten Bewertungs- und Beobachtungsbögen zugrunde liegt.

Die Abstufungen lauten:

3 Punkte (++)	=	völlig gelöst bzw. gesichert erreicht
2 Punkte (+)	=	überwiegend gelöst bzw. erreicht, aber noch unsicher
1 Punkt (0)	=	überwiegend nicht gelöst bzw. Ansätze erkennbar
0 Punkte (–)	=	nicht gelöst bzw. nicht erreicht

Dieses System lässt zwei Zwischenstufen zu und ist dennoch leicht, schnell und effektiv handhabbar. Grundsätzlich möglich (und ohne Schwierigkeiten auf unsere Beispiele anwendbar) ist auch ein sechsstufiges System, das den Zwischenstufenbereich noch einmal gliedert.

Allerdings raten wir von Systemen mit ungeraden Gesamtstufen ab, denn dann gibt es immer eine „Unentschieden-Stufung", also z. B. die Zwei bei einem dreistufigen, die Drei bei einem fünfstufigen Vorgehen usw. Dieser Mittelwert verführt nach unseren Erfahrungen den unentschlossenen Beobachter/Bewerter leicht zum faulen Kompromiss.

Noch eine Vorbemerkung zu den *Bewertungsfaktoren:* Wer Leistungen in Teilleistungen aufteilt, muss diese in ihrem Binnenverhältnis zueinander gewichten. Um diese Quantifizierung kommt man nicht herum, denn auch eine scheinbare Nicht-Gewichtung mit dem Einheitsfaktor „Eins" stellt eine Gewichtung dar. Wir haben daher jeweils einen Bewertungsfaktor angegeben. Wir möchten aber an dieser Stelle deutlich darauf hinweisen, dass die von uns vorgenommene Gewichtung nur einen statistischen Mittelwert darstellt und daher lediglich eine Orientierungsfunktion haben kann. Um nur ein Beispiel zu nennen: Wie wichtig im Bereich des fachlichen, zielgerichteten Lernens die Fähigkeit zum vernetzten Denken ist (wie groß also der Bewertungsfaktor ist), hängt wesentlich ab von der Jahrgangsstufe, der Schulform, der Lerngruppe und ganz besonders auch vom Fach! Von daher ist es unserer Meinung nach sinnvoll und notwendig, die Gewichtung der Teilleistungen mit der Klasse/Lerngruppe zu diskutieren und gemeinsam festzulegen.

Eine Auflistung aller Kopiervorlagen finden Sie am Ende des Buches auf Seite 180 ff.

Bewertung deiner Geschichte

Die Geschichte:				
Sie passt zum vorgegebenen Thema.				
Es ist eine verständliche und logische Geschichte.				
Sie ist interessant, spannend, lustig ...				
Der Titel ist passend.				
Die Sprache und der Ausdruck:				
Der Satzbau ist korrekt.				
Der Satzbau ist abwechslungsreich.				
Du verfügst über einen reichen Wortschatz.				
Du vermeidest Wiederholungen.				
Du benutzt die direkte Rede (ohne zu übertreiben).				
Du benutzt treffende Adjektive, um das Geschehen, die Personen usw. zu beschreiben.				
Du wendest die Zeiten richtig an.				
Du vermeidest Rechtschreibfehler.				
Du beachtest die Satzzeichen (Punkt, Komma, Anführungszeichen ...).				
Der Aufbau der Geschichte:				
Die Einleitung ist kurz, aber ausführlich.				
Der Hauptteil enthält einen Höhepunkt. Er ist ausführlich und lebhaft beschrieben.				
Der Schluss passt zur Geschichte.				
Die Präsentation:				
Deine Schrift ist ordentlich.				
Du hast deine Geschichte in mehrere Abschnitte eingeteilt. Sie sind sinngemäß eingeteilt.				
Summe:				

Klassenarbeit Klasse 5
Grammatik: Wortarten und Satzteile

Checkliste
(Ich schreibe nur die für die Arbeit wichtigen grammatischen Regeln heraus! Die Checkliste ist also keineswegs vollständig, aber was hier (noch) nicht aufgeführt ist, braucht ihr für die nächste Arbeit nicht zu beherrschen!)

1. Wortarten
- **Nomen** (Hauptwörter, Namenwörter): Nomen werden im Satz gebeugt und sind bestimmbar nach Geschlecht (Genus), Zahl (Numerus) und Fall (Kasus).
- **Artikel** (Begleiter): Sowohl der bestimmte als auch der unbestimmte Artikel werden zusammen mit dem Nomen, dessen Begleiter sie sind, gebeugt. Also auch hier Geschlecht, Zahl und Fall angeben.
- **Pronomen** (Fürwörter): *Persönliche Fürwörter* (Personalpronomen) stehen anstelle eines Nomens und werden daher auch wie das Nomen, für das sie stehen, gebeugt. Also auch hier Geschlecht, Zahl und Fall angeben. *Besitzanzeigende Fürwörter* (Possessivpronomen) können alleine oder vor einem Nomen, auf das sie sich beziehen, stehen. Sie werden immer gebeugt, also Geschlecht, Zahl und Fall angeben.
- **Adjektive** (Eigenschaftswörter): Adjektive haben die Funktion, ein Nomen näher zu bestimmen. Sie stehen meist direkt vor diesem Nomen und werden mit ihm zusammen gebeugt. Also Zahl und Fall angeben. Zusätzlich können die meisten Adjektive *gesteigert* werden: Grundform (Positiv), 1. Steigerungsform (Komparativ), 2. Steigerungsform (Superlativ). Auch dieses in der Arbeit bitte angeben.
- **Verben** (Tätigkeitswörter): Auch Verben werden im Satz meistens gebeugt. Ich möchte, dass ihr jeweils die Grundform (den Infinitiv) hinschreibt und die Verben nach Person, Zahl und Zeit bestimmt. Es kommen nur Gegenwart (Präsens) und Vergangenheit (Präteritum) vor!
- **Präpositionen** (Verhältniswörter): Ich möchte, dass ihr den Fall bestimmt, mit dem sie im Satz stehen.
- **Konjunktionen** (Bindewörter): Nur nennen, nicht weiter bestimmen.

2. Satzteile
Wir haben bisher drei Satzteile kennen gelernt:
- **Prädikat:** Das Prädikat besteht aus mindestens einem gebeugten Verb oder Hilfsverb. Häufig sind mehrteilige Prädikate (Prädikatsklammer), dann bitte immer alle Teile kennzeichnen.
- **Subjekt:** Das Subjekt „antwortet" auf die Frage „wer oder was?", steht immer im 1. Fall (Nominativ).
- **Objekt:** Es gibt Dativ- und Akkusativobjekte. Beide bestehen aus mindestens einem Nomen oder Pronomen (häufig mit einem oder mehreren Adjektiven davor). Die seltenen Genetivobjekte erspare ich euch bei dieser Arbeit! Nach Dativobjekten fragt man mit „wem oder was?", nach Akkusativobjekten mit „wen oder was?".

Klassenarbeit Klasse 5: Grammatik

Name: _____

Teil A: Wortarten

DER TRAINER GÖNNTE SEINEN ERSCHÖPFTEN SPORTLERN EINE KURZE PAUSE,
UND ER MUTETE DEM SCHLECHTEREN TORWART EIN SONDERTRAINING ZU.
IN DEM URLAUB MALTEN DIE KINDER SCHÖNE BILDER, UND NACH DEN FERIEN SCHENKEN
SIE SIE SOWOHL IHREN ELTERN ALS AUCH DEN NETTESTEN VERWANDTEN.

1. Bestimme die Nomen:

Nomen	Geschlecht	Zahl	Fall
Trainer			
Sportlern			
Pause			
Torwart			
Sondertraining			
Urlaub			
Kinder			
Bilder			
Ferien			
Eltern			
Verwandten			

2. Bestimme die Artikel (wie in der Reihenfolge im Text):

Artikel	Geschlecht	Zahl	Fall
der (best.)			
eine (unbest.)			
dem (best.)			
ein (unbest.)			
des (best.)			
die (best.)			
den (best.)			
den (best.)			

3. Bestimme die Pronomen (wie in der Reihenfolge im Text):

Pronomen	Geschlecht	Zahl	Fall
seinen (b. P.)			
er (p. P.)			
sie (p. P.)			
sie (p. P.)			
ihren (b. P.)			

4. Bestimme die Adjektive:

Adjektive (Grundform)	Zahl	Fall	Steigerung
erschöpft(en)			
kurz(e)			
schlecht			
schön(e)			
nett			

5. Bestimme die Verben:

Verben (Infinitiv)	Person	Zahl	Zeit
gönnen			
zumuten			
malen			
schenken			

6. Bestimme die Präpositionen:

Präposition	
während	
nach	

7. Nenne die Konjunktionen:

Konjunktionen:	

Teil B: Satzteile

1. DER ARZT EMPFIEHLT KLAUS EINE LÄNGERE PAUSE.
2. DIE HAUSORDNUNG UNTERSAGT DEN GÄSTEN DAS RAUCHEN.
3. ALLE MÜSSEN SIE BEFOLGEN.

Schreibe in die Tabelle alle Satzteile der drei Sätze:

	Subjekt	Prädikat	Dativobjekt	Akkusativobjekt
1.				
2.				
3.				

Klassenarbeit Klasse 6: Erzählen aus veränderter Perspektive

Checkliste

Es kommt darauf an, eine vorgegebene Geschichte aus der Sichtweise einer anderen Figur zu schildern und dabei deren Wahrnehmung der Handlung möglichst anschaulich und genau wiederzugeben. Auf die folgenden Details solltest du unbedingt achten:

- Ist der Perspektivenwechsel richtig erfasst, wird also die Handlung wirklich aus der vorgegebenen Sichtweise erzählt?
- Passt die Überschrift zur Geschichte?
- Hast du eine Einleitung und einen Schluss geschrieben?
- Ist die Handlung in der richtigen Reihenfolge dargestellt?
- Hat die Geschichte einen Spannungsbogen und einen Höhepunkt?
- Hast du die Gefühle und Gedanken des Erzählers dargestellt?
- Hast du die wörtliche Rede als belebendes Stilmittel verwendet?
- Hast du die richtige Erzählzeit (Gegenwart) gewählt?
- Hast du dich um eine abwechslungsreiche und die Spannung steigernde Wortwahl bemüht?

Bewertungsbogen

Aufgabe	Bewertungs-faktor	Punkte
Der Perspektivenwechsel in die vorgegebene Sichtweise ist gelungen.	3	
Eine passende Überschrift, die neugierig macht und Interesse weckt, wurde gefunden.	1	
Es findet sich eine angemessene Einleitung.	1	
Es findet sich ein angemessener Schluss.	1	
Die richtige Reihenfolge der Handlung wird eingehalten.	1	
Der Spannungsbogen wird berücksichtigt.	2	
Ein spannender Höhepunkt wird angemessen ausgestaltet.	2	
Die Gefühle und Gedanken des Erzählers werden anschaulich beschrieben.	1	
Die wörtliche Rede wird als belebendes Stilmittel benutzt.	1	
Die richtige Erzählzeit wurde gewählt.	1	
Eine abwechslungsreiche und die Spannung steigernde Wortwahl wurde benutzt.	1	

Punkte:

Note:

Klassenarbeit Klasse 7: Bericht

Checkliste

Die Unterschiede zwischen einer Erzählung und einem Bericht sind folgende:

- Die Erzählung soll unterhalten, zum Nachdenken anregen, dem Leser die Einfühlung in die Personen ermöglichen, spannend sein usw. All dies gilt für den Bericht *nicht*!
- Der Bericht soll den Leser möglichst effektiv über ein Ereignis oder einen Tatbestand *informieren*. Er soll also weder spannend noch unterhaltsam, sondern informativ sein.
- Der Bericht ist viel kürzer als eine vergleichbare Erzählung, denn er konzentriert sich auf das Wichtigste und lässt unwichtige Einzelheiten weg. Der Berichtschreiber muss sich vorher überlegen, was wichtig ist und was weggelassen werden kann!
- Zur Technik des Berichtschreibens: Belebende Stilmittel wie die wörtliche Rede sind nicht erforderlich, stattdessen ist die *Genauigkeit* der Darstellung wichtig. Achte also darauf, dass die gewählten Nomen, Verben und Adjektive genau zu dem passen, was du beschreibst.
- Die Reihenfolge, in der die Ereignisse, über die du berichtest, tatsächlich passiert sind, solltest du nicht verändern (Ausnahme: Zeitungsbericht), sodass der Bericht den gleichen zeitlichen Ablauf wie das Original hat.

Bewertungsbogen zur Klassenarbeit:

Aufgabe	Bewertungs-faktor	Punkte
Sachliche, nicht spannende Erzählweise	1	
Keine Einfühlung in die Personen	1	
Genauigkeit der Ausgestaltung der wichtigen Einzelheiten	3	
Weglassen der unwichtigen Nebensächlichkeiten	2	
Keine wörtliche Rede	1	
Genaue Wortwahl bei Nomen, Adjektiven und Verben	2	
Einhaltung der richtigen Reihenfolge	2	
Angemessene Länge	1	

Punkte:

Note:

Klassenarbeit Klasse 9: Brief über einen Roman

Checkliste
Zweck des Briefs: Ihr sollt einen Brief an einen guten Freund oder eine gute Freundin schreiben und darin eure Meinung über den Roman „Rolltreppe abwärts" äußern und die Lektüre empfehlen!

Achtet bitte auf folgende Hinweise:
Euer Briefpartner soll eure Meinung über diesen Roman nachvollziehen können, also müsst ihr alles aufschreiben und dürft nichts voraussetzen.
Vermeidet Sätze wie „Die Geschichte finde ich ... gut, lustig oder spannend", weil so eine Aussage ohne weitere Erläuterung völlig nichts sagend ist. Was einer lustig oder spannend findet, kann ein anderer traurig oder langweilig finden.
Macht stattdessen deutlich, warum ihr diesen Roman gut, lustig, spannend oder sonst wie findet!
Ihr solltet euch dabei auf die Handlung beziehen, auf die einzelnen Figuren und deren Charakter oder auf die Sprache.
Da ihr eurem Briefpartner die eigene Lektüre empfehlen wollt, dürft ihr aber nicht zu viel verraten, damit die Spannung erhalten bleibt.
Wählt einen Abschnitt von fünf bis zehn Zeilen des Romans als Leseprobe aus und schreibt sie auf, um eurem Briefpartner Leselust zu machen.

Bewertungsbogen

Aufgabe	Bewertungs-faktor	Punkte
Gelungene Balance zwischen Darstellung der Handlung und Verschweigen wichtiger Details	4	
Genaue Charakterisierung der einzelnen Figuren	3	
Beschreibung der Sprache des Romans	2	
Gute Wahl der Leseprobe	2	
Stimmigkeit und Treffsicherheit des eigenen Urteils	3	
Nachvollziehbarkeit des eigenen Urteils	2	
Überzeugungskraft der Argumentation	2	
Äußere Form und Fehlerzahl	1	

Punkte:
Note:

Klassenarbeit Klasse 10: Auswertung eines nichtlinearen Textes (Tabelle/Diagramm)

Bewertungsbogen

Aufgabe	Bewertungs-faktor	Punkte
1. Aufgabe: kurze Erläuterung, was die Tabelle/das Diagramm zeigt und welche Hintergründe sie/es hat.		
Genaue Erfassung des Themas	1	
Angemessene Untersuchung der Zusammenhänge	1	
Erfassen der Relevanz und Aktualität	2	
2. Aufgabe: Beschreibung des „Forschungsdesigns"		
Bestimmung der Urheberschaft	1	
Eingehen auf die Größe der Untersuchung	1	
Analyse der Befragungsweise	1	
Bestimmung des Zeitpunktes der Untersuchung	1	
Analyse der Frage- bzw. Aufgabenstrategie	1	
Was sagt die Tabelle/das Diagramm aus, was nicht?	2	
3. Aufgabe: genaue Beschreibung der Tabelle/des Diagramms		
Analyse der äußeren Form	1	
Untersuchung der grafischen, bildlichen, zeichnerischen Hilfsmittel	1	
Reflexion über Manipulationsmöglichkeiten durch den gewählten Maßstab?	2	
4. Aufgabe: die eigentliche Interpretation der Zahlen		
Gewichtung der Aussagen nach Wichtigkeit/Bedeutung	3	
Ordnung in größere (Sinn-) Abschnitten	2	
Bestimmung und Analyse von Auffälligkeiten	2	
Auswertung der Tabelle/des Diagramms nach den gerade beschriebenen Vorarbeiten: Zusammenfassung, wichtigste/auffälligste Ergebnisse	4	
5. Aufgabe: Erörterung der Ursachen für die Entwicklungen, die durch die Zahlen ausgedrückt werden		
Erörterung der Frage: Welche (geschichtlichen, gesellschaftlichen, naturwissenschaftlichen) Ereignisse könnten für das gesamte Zahlenwerk, aber auch für die auffälligen Besonderheiten verantwortlich sein?	3	
Erörterung möglicher Ursachen	2	
Beurteilung dieser Ereignisse/Ursachen	2	
Folgerungen/Konsequenzen für die Zukunft	2	

Punkte:

Note:

Klassenarbeit Klasse 10: Körperberechnungen

Bewertungsbogen

Aufgabe/erwartete Leistungen	Bewertungs-faktor	Punkte
Aus Höhe und Länge der Grundkanten das Volumen der Cheopspyramide berechnen		
Mit Hilfe des Satzes des Pythagoras die Länge der Seitenkanten bestimmen (verschiedene Lösungswege möglich)		
Berechnung des verringerten Volumens mit Hilfe der Prozentrechnung		
Formel zur Berechnung des Volumens einer Pyramide umstellen, Höhe der neuen Pyramide berechnen		
Pyramidenstumpf erkennen und das Volumen berechnen, Skizze erstellen, Anwendung des Strahlensatzes zur Berechnung der Grundkante der Deckfläche, errechneten Wert in die Formel für den Pyramidenstumpf einsetzen		
Aus Dichte und Volumen die Masse bestimmen		
Skizze mit Bezeichnungen anfertigen, mit Hilfe von Tangens, Sinus oder Kosinus den Neigungswinkel bestimmen		
Berechnung des Mantels/der Oberfläche der Pyramide (mit Begründung)		
Formel zur Berechnung des Volumens einer Pyramide umstellen, Berechnung der Länge der Grundkante		
Skizze mit Bezeichnungen anfertigen, mit Hilfe von Tangens, Sinus oder Kosinus den Neigungswinkel bestimmen		
Berechnung und Vergleich des Zylindervolumens und des Kegelvolumens		
Berechnung und Vergleich des Zylindervolumens und des Halbkugelvolumens		
Skizze mit Bezeichnungen anfertigen, begründete Anwendung des Strahlensatzes, aufwändiges Gleichungssystem mit zwei Unbekannten, Berechnung der Höhe und des Radius eines Kegelstumpfes		
Volumenvergleich eines Zylinders und einer Halbkugel		
Beschreibung der Körperformen, begründete Argumentation		
Berechnung des Radius der Bodenfläche, Aufstellen und Lösen einer quadratischen Gleichung		
Volumenberechnung eines zusammengesetzten Körpers, Vergleich mit dem Zylindervolumen, Berechnung des Inhaltes mit Hilfe der Prozentrechnung		
Skizze mit Bezeichnungen anfertigen, Strahlensatz anwenden zur Berechnung des Radius der Deckfläche, Volumen des Kegel-stumpfes berechnen, Einsparung mit Hilfe der Prozentrechnung bestimmen		

Punkte:

Note:

Klassenarbeit Klasse 10: Erörterung

Bewertungsbogen

Aufgabe	Bewertungs-faktor	Punkte
Einleitung		
Das zentrale Problem der Erörterung ist in der Einleitung deutlich benannt bzw. aus dem Text gelöst.	2	
Das Problem wird in allen Dimensionen erläutert und unklare Begriffe werden definiert.	1	
Die gegenwärtige Bedeutung des Problems wird klar herausgearbeitet.	1	
Die persönliche Bedeutung für den Verfasser wird beschrieben.	1	
Hauptteil		
Die Thesen und Gegenthesen sind deutlich und verständlich formuliert.	2	
Das Problem wird aus unterschiedlicher Sicht dargestellt.	1	
Die Gewichtung der einzelnen Pro- und Kontra-Argumente ist klar ersichtlich.	2	
Die Argumentation ist in sich schlüssig.	1	
Die Gegensätzlichkeit der Argumente wird deutlich.	1	
Die einzelnen Pro- und Kontra-Argumente enthalten jeweils: eine These, deren Begründung und Vertiefung/Beleg durch Beispiele.	3	
Zur Vorbereitung der eigenen Stellungnahme werden diese Argumente sorgfältig gegeneinander abgewogen.		
Ein eigener Standpunkt wird eindeutig formuliert.	1	
Dieser Standpunkt ist nachvollziehbar aus der Pro-und-Kontra-Argumentation entwickelt.	3	
Schlussteil		
Die Resultate der eigenen Auseinandersetzung mit dem Problem werden deutlich auf den Punkt gebracht.	2	
Die Argumentation des Hauptteils wird nicht wiederholt.	1	
Gedanken aus der Einleitung werden wieder aufgegriffen.	1	
Über die eigene Stellungnahme hinaus wird ein öffnender Ausblick gegeben.		
Äußere Form		
Die äußere Textgliederung (Absätze, Leerzeilen, evtl. Nummerierung) entspricht dem Argumentationsgang.	1	
Die Sprache und Ausdrucksweise ist der Sache angemessen.		
Es finden sich keine Rechtschreib-, Zeichensetzungs- und Grammatikfehler.		

Punkte:

Note:

Aufgabenstellungen in Klausuren

1. Klausur
Aufg. 1:   Entwickeln Sie eine Definition ...
Aufg. 2:   Stellen Sie dar, ...
Aufg. 3:   Nehmen Sie ... Stellung ...
Aufg. 4:   Reflektieren Sie zum Abschluss den Verlauf der Klausur. Sie können sich dabei an folgen-
           den Fragen orientieren:
           • Waren der Text und das Thema Ihrer Meinung nach dem Unterrichtsverlauf entspre-
             chend gewählt?
           • Wie beurteilen Sie die Vorbereitung auf die Klausur? Was könnten Sie verbessern?
           • Erscheint Ihnen der Schwierigkeitsgrad der Aufgaben angemessen? Wo gab es Proble-
             me bei der Bearbeitung der Aufgaben?
           • Wie beurteilen Sie die Qualität Ihrer Leistung? (Sie können einen Notenvorschlag ma-
             chen, müssen das aber nicht.)

2. Klausur
Aufg. 1:   Analysieren Sie den folgenden Text. Fassen Sie zusammen, ...
Aufg. 2:   Im Text werden die Parteien nicht ausdrücklich erwähnt. Erläutern Sie, ...
Aufg. 3:   Erarbeiten Sie sich einen eigenen Standpunkt und begründen Sie ihn.
Aufg. 4:   Reflektieren Sie wiederum zum Abschluss den Verlauf Ihrer Arbeit. Sie sollten sich dabei
           an folgenden Fragen orientieren:
           • Wie beurteilen Sie Ihre Vorbereitung auf die Klausur? Was hätten Sie anders machen
             sollen?
           • Konnten Sie aus den Stärken und den Fehlern der vorhergehenden Klausur lernen?
           • Erscheint Ihnen der Schwierigkeitsgrad der Aufgaben angemessen? Wo gab es Proble-
             me bei der Bearbeitung der Aufgaben?
           • Wie beurteilen Sie Ihre Leistung? Sind Sie mit sich zufrieden? (Sie können einen Noten-
             vorschlag machen, müssen das aber nicht.)

Anmerkungen zur Aufgabenstellung
• Die Gesamtbewertung setzt sich aus den Bewertungen der Einzelaufgaben nach folgender Gewichtung zusammen: Aufg. 1: 20 %; Aufg. 2: 30 %; Aufg. 3: 40 %; Aufg. 4: 10 %.

• In der Bearbeitung der Aufgabe 4 wird erwartet, dass Sie die Beschreibungen des Verlaufs und die
  Definition der Probleme präzise vornehmen und Ihre Urteile und Folgerungen begründen. Das
  kann im Einzelnen auch stichwortartig geschehen.

• Vorschlag zur Einteilung der Arbeitszeit: Aufg. 1 – 3: 8.00 – 11.10 Uhr; Aufg. 4: 11.10 – 11.35 Uhr.

• Viel Erfolg!

Bewertung deines Referates (Klasse 5/6)

Inhalt				
Die Einleitung macht neugierig auf deinen Vortrag.				
Du hast dein Referat logisch aufgebaut, man kann deinen Gedanken folgen.				
Du kannst deine Zuhörer für dein Thema begeistern.				
Sie haben durch deine Informationen Neues hinzugelernt.				
Du hast einen treffenden Schluss für deinen Vortrag gefunden.				
Der Schluss rundet deinen Vortrag ab.				
Sprache				
Du sprichst deutlich, klar und langsam. Jeder kann dich gut verstehen.				
Deine Sätze sind vollständig				
Deine Betonung ist lebhaft und abwechslungsreich.				
Du hast Blickkontakt mit deinem Publikum.				
Du hast die wichtigsten Informationen zusammengefasst und gibst sie an die Klasse weiter.				
Du erklärst Fremdwörter und Fachbegriffe.				
Zusätzliches Material				
Du hast folgendes Material benutzt:				
Dein Endprodukt				
Dein Endprodukt ist originell und ideenreich.				
Dein Endprodukt ist klar gegliedert, lesbar und passt zum Thema.				
Es enthält die wichtigsten Informationen.				
Du bleibst in jedem Moment bei deinem Thema.				
Sonstiges				
Du hast ein sicheres Auftreten und bist entspannt.				
Du klammerst dich nicht an deine Notizen, sondern erzählst ohne abzulesen.				
Der Vortrag ist weder zu lang noch zu kurz.				
Deine Zuhörer waren interessiert und begeistert.				
Man merkt, dass du dich mit deinem Thema auseinander gesetzt hast.				
Du bist gut vorbereitet.				

Bewertungsbogen für Referate   Sek II

A Deckblatt, Gliederung/ Inhaltsverzeichnis, Zitate, Quellenverz.	B zentrale Fragestellung	C Erkundung, eigene Untersuchung	D Selbstständigkeit bei der Bearbeitung, Umgang mit Anregungen	
Deckblatt, Gliederung, Quellenverzeichnis fehlen	nicht erkennbar	fehlt	ohne Eigeninitiative; Anregungen werden nicht beachtet	0 1 2
Angaben sind unvollständig	Informationsbedürfnis	eigene Erfahrungen in Ansätzen vorhanden	viele Anstöße erforderlich, Anregungen teilweise und/oder unreflektiert übernommen	3 4 5
Bezug von Text und Quelle nicht oder fehlerhaft ausgewiesen	Bedeutung des Themas in Zusammenhänge gestellt	mehrere Aspekte oder methodische Ansätze	viele eigene Ideen; Anregungen werden aufgegriffen und beurteilt	6 7 8
Bezug von Text und Quelle ausgewiesen: korrekt, vollständig	Widersprüche zu bisherigen Auffassungen, neue Zusammenhänge	methodisch im Wesentlichen korrekt, umfassend im Sinne der Fragestellung	eigenständige Arbeitsweise; Anregungen werden integriert	9 10

E Umgang mit Texten und Quellen	F Ausdruck	G Informationsgehalt	
missverständliche oder missverstandene inhaltliche Wiedergabe	fehlerhaft, unangemessen	falsch und/oder lückenhaft	0 1 2
unkritische Übernahme aus Sachtexten	umgangssprachlich, missverständlich	unvollständig, ungenau	3 4 5
unkritische Übernahme aus Sachtexten	weitgehend sachlich und angemessen formuliert	im Allgemeinen richtig, informativ, stellenweise oberflächlich	6 7 8
Texte werden im Sinne der Fragestellung fehlerfrei bearbeitet; begriffliche Klarheit	Fachsprache durchgehend verwendet, treffend formuliert	richtig, genau, reichhaltig, vollständig	9 10

H Richtigkeit und Differenziertheit des Referats	I Integration der Einzelleistungen	K Struktur der Darstellung, Gliederung	
falsch und/oder undifferenziert	unangemessene Addition von Einzelleistungen	nicht vorhanden, nicht konkret, unstrukturiert	0 1 2
plakativ, unvollständig, ungenau	Reihung ohne Widersprüche, Verdopplungen	willkürliche Anordnung von Gesichtspunkten, Reihung von Aspekten	3 4 5
im Allgemeinen richtig, stellenweise oberflächlich, pauschal, informativ	Diskussionsansätze erkennbar, doch Einzelleistungen prägen das Gruppenergebnis	gute Struktur im Sinne einer Abfolge, von Einfachem zu Komplexem ...	6 7 8
richtig, genau, differenziert, reichhaltig, vollständig	Arbeit ist erkennbares Ergebnis der Gruppenreflexion	sinnstiftende Reihung oder hierarchische Ordnung, gegenstands-adäquate Struktur, theoretisch fundiert	9 10

L Wertungen, Beurteilungen	M Umfang	N Musikbeschreibung	O Inhalt des Plakats, Handouts etc.	
unbegründet, tendenziös, ohne Urteilsvermögen	zu kurz	fehlt	fehlt	0 1 2
wenig differenziert, kaum Kriterien, pauschale Wertungen	unzureichende, zu knappe Ausführungen	Ansätze vorhanden	keine Thesen oder adäquate Auflistungen	3 4 5
differenziert, komplex, gute Abstraktion, begründete Wertungen	ausreichende Darstellung	mehrere Aspekte kommen vor	Ansätze von Thesen oder Symbolen, Auswahl willkürlich	6 7 8
hohes Abstraktionsniveau, hohe Komplexität, viele Kriterien, gut begründete Wertungen	ausführlich, umfangreich	vielfältige Aspekte im Sinne der Fragestellung	Symbole, Thesen treffend und vollständig formuliert und ausgewählt	9 10

P Gestaltung des Plakats	Q Durchführung der Darbietung	R Aufwand für die Präsentation	
fehlt	ausgefallen	ohne ersichtliche Vorbereitung	0 1 2
Gestaltungsversuche, kaum Visualisierungen	vorgelesen, zögerliche Auskunft	Ansätze von Medieneinsatz (z.B. Handout)	3 4 5
gelungene Gestaltungsversuche, vieles kaum lesbar	im Ganzen verständlich und frei vorgetragen	angemessener Aufwand	6 7 8
optisch vielseitig, interessant, übersichtlich	engagierter Vortrag, Inhalte werden deutlich, Planung ohne Einschränkungen realisiert	viele Requisiten, viele Medien oder umfangreiche Probenarbeit	9 10

A	B	C	D	E	F	G	H	I	K	L	M	N	O	P	Q	R	SUMME
0	0	0	0	0	0	0	0	0	0	0	0	0	0	0	0	0	
1	1	1	1	1	1	1	1	1	1	1	1	1	1	1	1	1	
2	2	2	2	2	2	2	2	2	2	2	2	2	2	2	2	2	
3	3	3	3	3	3	3	3	3	3	3	3	3	3	3	3	3	
4	4	4	4	4	4	4	4	4	4	4	4	4	4	4	4	4	
5	5	5	5	5	5	5	5	5	5	5	5	5	5	5	5	5	
6	6	6	6	6	6	6	6	6	6	6	6	6	6	6	6	6	
7	7	7	7	7	7	7	7	7	7	7	7	7	7	7	7	7	
8	8	8	8	8	8	8	8	8	8	8	8	8	8	8	8	8	
9	9	9	9	9	9	9	9	9	9	9	9	9	9	9	9	9	
10	10	10	10	10	10	10	10	10	10	10	10	10	10	10	10	10	

Die Kriterien werden vorgestellt, ausgewählt und im Fall der Verwendung für Bewertungen gewichtet:

$$A = \text{X Punkte mal Gewichtung}$$
$$+\ B = \text{X Punkte mal Gewichtung}$$
$$+\ C \dots$$
$$+\ \dots$$
$$\underline{+\ R = \text{X Punkte mal Gewichtung}}$$
$$= \text{erreichte Punktzahl}$$

Erreichte Punktzahl/maximale Punktzahl = erreichter Prozentwert

Von: Klaus Berger/Ortrud Staude, Bremen

Bewertungsbogen für Referate, Fach- und Jahresarbeiten

Merkmal (positiv)	Faktor	Punkte	Merkmal (negativ)
Formalien			
Keine Rechtschreib-, Zeichensetzungs- und Grammatikfehler	1		Sehr viele Rechtschreib-, Zeichensetzungs- und Grammatikfehler
Es gibt ein in sich rundes und gelungenes äußeres (Schrift-) Bild und Layout.	1		Das Schriftbild ist uneinheitlich, das Layout wenig ansprechend
Angemessener sprachlicher Ausdruck sowie evtl. der Gebrauch der Fachsprache	2		Der sprachliche Ausdruck ist unschön und ungenau, Fachbegriffe werden nicht benutzt.
Das Referat ist formal vollständig.	1		Es fehlen wichtige Teile.
Es gibt eine sinnvolle Inhaltsübersicht über das Referat.	1		Es fehlt eine Übersicht über die Gliederung des Referates.
Alle Zitate und Fundstellen sind deutlich und korrekt gekennzeichnet.	2		Es wird nicht zwischen Zitaten und eigenen Formulierungen unterschieden.
Das Literaturverzeichnis ist sachlich angemessen, ausführlich und richtig angelegt.	2		Es bleibt völlig unklar, aus welchen Quellen das Referat entstanden ist.
Inhalt			
Das Referat ist inhaltlich vollständig.	2		Es fehlen viele wichtige Inhaltsbereiche.
Die Gliederung ist themenbezogen und in sich logisch.	1		Das Referat ist völlig unsystematisch.
Das Referat ist genau auf das Thema bezogen.	2		Der Verfasser schweift immer wieder vom Thema ab und verfehlt es zum Teil völlig.
Die verwendeten Fachbegriffe werden klar definiert.	1		Der Verfasser beherrscht die Fachsprache überhaupt nicht.
Die Argumentation ist klar gegliedert.	2		Es gibt keinen „roten Faden" der Argumentation.
Verfasser unterscheidet deutlich zwischen sachlicher Darstellung und dem eigenen Urteil.	3		Es wird an keiner Stelle deutlich, ob der Verfasser fremde Argumente wiedergibt oder ein eigenes Urteil fällt.

Merkmal (positiv)	Faktor	Punkte	Merkmal (negativ)
Methode			
Der Verfasser verwendet und beherrscht auf angemessene Weise die verwendeten Erhebungs- und Darstellungsmethoden.	3		Die Art und Weise, wie der Verfasser zu . seinen Ergebnissen kommt, bleibt völlig unklar.
Es wird deutlich, dass umfangreiche Vorarbeiten, Recherchen und Erhebungen stattgefunden haben.	2		Es bleibt völlig unklar, ob der Verfasser bloße Behauptungen aufstellt oder sorgfältig recherchiert hat.
Sorgfältiger Umgang mit Quellen, Sekundärliteratur und eigenen Erhebungen	2		Der Leser des Referates kann nicht zwischen Quellen, Sekundärliteratur, eigenen Erhebungen unterscheiden.
Das Referat zeichnet sich aus durch Bemühen um Sachlichkeit und distanzierte Darstellung, gerade und auch in Bezug auf die Darstellung fremder Positionen.	2		Fremde Positionen werden unsachlich dargestellt und diffamiert.
Arbeitsergebnisse			
Das Verhältnis von Aufwand und Ergebnis rechtfertigt den betriebenen Aufwand in vollem Maße.	2		Der betriebene Aufwand steht in keinem Verhältnis zum Ergebnis.
Resultate: vertiefte und selbstständig-kritische Ergebnisse	4		Darstellung von banalen Allgemein-plätzen
Das eigene Engagement des Referenten kann als hoch bezeichnet werden.	1		Der Referent hat sich nicht engagiert.

Bewertungsbogen für den Praktikumsbericht

Bewertungsaspekt	Bewertungs-faktor	Punkte Lehrer	Punkte Schüler	Punkte Mitschüler
Formalien				
Keine Rechtschreib-, Zeichensetzungs- und Grammatikfehler	1			
Angemessenes äußeres (Schrift-) Bild und Layout	1			
Angemessener Ausdruck sowie evtl. der Gebrauch der Fachsprache	2			
Formale Vollständigkeit	1			
Sinnvolle Inhaltsübersicht am Anfang	1			
Inhalt				
Inhaltliche Vollständigkeit	1			
Gliederung themenbezogen und in sich logisch	1			
Keinerlei größere Abschweifungen oder Abweichungen vom Thema	1			
Klare Definition der verwendeten Fachbegriffe	1			
Klare und eindeutige Schilderung der eigenen Eindrücke	2			
Schilderung des Betriebes, der Berufsbilder und der Mitarbeiter				
Vollständig	1			
Übersichtlich	1			
Informativ	1			
Betriebsangehörige kommen zu Wort	1			
Schilderung eines oder mehrerer Berufs-bilder	1			
Beschreibung eigener Tätigkeiten/ Eigene Eindrücke				
Vollständig	1			
Übersichtlich	1			
Informativ	1			

Bewertungsaspekt	Bewertungs-faktor	Punkte Lehrer	Punkte Schüler	Punkte Mitschüler
Methode				
Die Beobachtungen und eigenen Recherchen waren umfangreich und mit viel Arbeit verbunden.	2			
Das Bemühen um Sachlichkeit und distanzierte Darstellung ist deutlich.	2			
Es wird deutlich unterschieden zwischen sachlicher Darstellung und dem eigenen Urteil.	1			
Arbeitsergebnisse: **Welchen Gewinn hat das Praktikum persönlich gebracht?**				
Das Verhältnis von Aufwand und Ergebnis ist gut, das Ergebnis rechtfertigt den betriebenen Aufwand.	2			
Der Verfasser des Berichtes kommt zu vertieften und selbstständig-kritischen Ergebnissen.	3			
Die Reflexionsprozesse sind nachvollziehbar.	3			
Das eigene Engagement des Praktikanten kann als hoch beurteilt werden.	2			

Kurzkommentar

Punkte:

Bewertung/Note:

Rückmeldung des Schülers

Mündliche Beteiligung am Unterricht: Bewertungsbogen

Lern- und Leistungsbereich	Bewertungs-faktor	Punkte
Fachliches Lernen		
Die Beiträge sind durchweg fachlich richtig.	2	
Der Schüler lässt sich nicht so leicht von seinem Ziel ablenken.	1	
Fachspezifische Arbeitsmittel wie Wörterbücher, Duden, Formeltafel werden genutzt.	1	
Schon vorhandene (Teil-) Lösungen werden einbezogen und genutzt.	1	
Der Schüler kann wesentliche Aufgaben von unwesentlichen unterscheiden.	2	
Der Schüler erkennt Zusammenhänge zu anderen Themen und Fächern.	3	
Neue und eigene Ideen werden sinnvoll eingebracht.	1	
Die erzielten Lernergebnisse werden angemessen formuliert.	2	
Der Schüler kann die eigenen Lernergebnisse in den Unterrichtsverlauf einbringen.	1	
Methodisches Lernen		
Der Schüler kann selbstständig eine Zeitplanung aufstellen und diese einhalten.	2	
Der Schüler kann Teil- und Zwischenziele angeben und kontrolliert regelmäßig, ob diese eingehalten werden.	1	
Material für den Untereicht und zur weiteren Information wird selbstständig beschafft.	1	
Das Material wird selbstständig geordnet, sortiert und strukturiert.	1	
Die altersangemessenen Arbeitsmethoden des Faches werden sicher beherrscht.	3	
Der Schüler verfügt über die Fähigkeit, seine Arbeitsergebnisse genau zu formulieren.	2	
Von der eigenen Meinung abweichende Ansichten der Mitschüler werden akzeptiert und in ihrer Bedeutung verstanden.	1	
Die eigenen Meinung und die anderer werden sachlich bewertet.	1	
Soziales Lernen in der Gemeinschaft		
Der Schüler kann (Umgangs-, Gesprächs-, Arbeits-) Regeln aufstellen.	1	
Der Schüler achtet darauf, dass die vereinbarten Regeln eingehalten werden.	1	
Die eigene Meinung wird sachlich mit Argumenten vertreten, ohne persönlich oder beleidigend zu werden.	2	
Auf Kritik wird ruhig und sachlich reagiert, ohne den anderen zu kränken.	2	
Der Schüler ist fähig, die soziale Situation der Lerngruppe zu reflektieren.	1	
Der Schüler zeigt die Bereitschaft zur Übernahme von Arbeit.	1	
Der Schüler zeigt die Bereitschaft zur Übernahme von Verantwortung.	1	

Lern- und Leistungsbereich	Bewertungs-faktor	Punkte
Auf sich selbst bezogenes Lernverhalten		
Der Schüler kann die eigenen Stärken und Schwächen genau beschreiben.	2	
Der Schüler ist fähig und willens, sich selber Lern- und Verhaltensziele zu setzen und diese einzuhalten. Diese Ziele sind vorhanden und werden eingesetzt.	1	
Misserfolge werden ruhig verkraftet und führen nicht zur vorzeitigen Aufgabe.	1	
Die eigene Leistung wird durch die gezielte Nutzung der Hilfsangebote von Lehrern und Mitschülern verbessert.	2	
Der Fortschritt im eigenen Lernprozess wird weder über- noch unterbewertet.	1	
Der Schüler ist in der Lage, selbstständig die eigenen Arbeitsergebnisse auf ihre Richtigkeit hin zu überprüfen.	3	

Bewertungsbogen für die mündliche Präsentation

Beobachtungsaspekt	Punkte Lehrer	Punkte Mitschüler	Bewertungs- faktor
Inhalt			
Gelungene Einleitung, die die Zuhörer fesselt			1
Klare Anordnung der Argumentation			2
Sinnvolle Gliederung der Argumente vom weniger Wichtigen zum Wichtigen			3
Erfolgreich eingesetzte rhetorische Mittel			2
Abrundender Schluss, der noch einmal zusammenfasst			1
Neue Informationen für die Zuhörer			1
Sprache			
Deutliche, klare und langsame Sprache, die die Zuhörer in die Lage versetzt, alle Aussagen mitzubekommen			2
Gebrauch grammatisch richtiger und vollständiger Sätze			1
Angemessene Betonung, die weder monoton wirkt noch dramatisch übertreibt			1
Wichtige und zentrale Aussagen werden deutlich gekennzeichnet und wiederholt.			2
Ungewohnte Begriffe und Fremdwörter werden erläutert.			1
Der Blickkontakt zu den Zuhörern wird gesucht und auch gehalten.			1
Veranschaulichungsmaterialien			
Der präsentierende Schüler hat z. B. Folien, eine Powerpoint-Präsentation, ein Tafelbild, Dias oder einen Film vorbereitet.			1
Diese Veranschaulichungsmaterialien passen zur Präsentation.			2
Die Hilfen sind klar gegliedert und themenbezogen.			1
Die Hilfen sind auf einen Blick gut lesbar.			1
Das Material konzentriert sich auf das wirklich Wichtige.			2
Das Material ist originell und überraschend gestaltet.			1
Sonstiges			
Der Präsentierende hat eine entspannte Körperhaltung, sein Auftreten wirkt sicher.			1
Der Präsentierende bewegt sich frei im Raum und verschanzt sich nicht hinter einem Pult oder Tisch.			1
Die Präsentation ist von der Länge her genau richtig.			1
Die Reaktionen der Zuhörer zeugen von Spannung und Interesse.			1

Bewertungsbogen für mündliche Präsentationen/Vorträge

Für eine sehr gute Leistung ist es nötig, dass	Selbstein-schätzung	Mitschüler	Lehrer
alle wichtigen Aspekte des Themas genau getroffen werden,			
die Zuhörer den Eindruck einer sehr guten Vorbereitung bekommen,			
der Vortrag nicht abgelesen, sondern frei gehalten wird,			
sehr anschauliche und informative Hilfsmittel eingesetzt werden,			
der Vortragende sehr überzeugend und in vollständigen Sätzen spricht.			

Für eine gute Leistung ist es nötig, dass	Selbstein-schätzung	Mitschüler	Lehrer
die wichtigen Aspekte des Themas im Wesentlichen getroffen werden,			
die Zuhörer den Eindruck einer angemessenen Vorbereitung bekommen,			
der Vortrag mit Hilfe eines Spickzettels gehalten wird,			
die eingesetzten Hilfsmittel das Wesentliche illustrieren,			
der Vortragende recht überzeugend und meistens in vollständigen Sätzen spricht.			

Für eine befriedigende Leistung ist es nötig, dass	Selbstein-schätzung	Mitschüler	Lehrer
das Thema grundsätzlich, aber mit Abschweifungen getroffen wird,			
die Zuhörer den Eindruck einer noch angemessenen Vorbereitung bekommen,			
der Vortrag nur teilweise frei gehalten, teilweise aber auch abgelesen wird,			
die eingesetzten Hilfsmittel die Präsentation nur teilweise illustrieren, teilweise aber auch vom Thema ablenken,			
der Vortragende nicht recht überzeugt und häufig in unvollständigen Sätzen formuliert.			

Für eine ausreichende Leistung ist es nötig, dass	Selbstein-schätzung	Mitschüler	Lehrer
das Thema zumindest teilweise erfasst wird,			
die Zuhörer den Eindruck bekommen, der Vortragende habe sich um eine Strukturierung seiner Präsentation bemüht,			
der Vortag überwiegend abgelesen wird,			
nur wenig Hilfsmittel eingesetzt werden, die das Verständnis kaum befördern,			
das Thema wenig überzeugend und kaum in vollständigen Sätzen präsentiert wird.			

Eine mangelhafte bis ungenügende Leistung liegt vor, wenn	Selbstein- schätzung	Mitschüler	Lehrer
das Thema weitgehend bis völlig verfehlt wird,			
der Vortrag weitgehend bis völlig unvorbereitet und unstrukturiert wirkt,			
der Vortag ohne jeden Blickkontakt ausschließlich vorgelesen wird,			
es keinerlei Hilfsmittel gibt,			
der Vortragende die Zuhörer langweilt und in unvollständigen Sätzen spricht.			

Bewertungsbogen für Diskussionsleitung und Moderation

Beobachtungsaspekt	Punkte Lehrer	Punkte Mitschüler	Bewertungsfaktor
Fragetechniken			
Der Schüler lässt Vorfragen zu, sammelt und beantwortet sie zügig.	1		
Rückfragen an die Mitschüler erfolgen sachlich.	1		
Die Fragen sprechen die Zuhörer an und geben Auskunft über deren Befindlichkeit.	2		
Die Fragen enthalten die richtige Mischung von Offenheit und Geschlossenheit.	2		
Der Schüler ist in der Lage, an der richtigen Stelle konfrontierende Fragen und Entscheidungsfragen zu formulieren.	2		
Gegenfragen werden bewusst eingesetzt, um die Diskussion weiterzubringen.	1		
Der Schüler vermeidet Suggestivfragen.	1		
Inhaltliche Leitung			
Der Schüler erkennt rasch Abschweifungen vom Thema und kann seine Mitschüler wieder auf das eigentliche Thema lenken.	2		
Der Schüler vermeidet Wiederholungen.	1		
Missverständnisse und Fehldeutungen werden sofort berichtigt.	1		
Die eigenen Fachkenntnisse werden sachlich und argumentativ eingebracht.	1		
Zwischenergebnisse werden angemessen und präzise formuliert.	1		
Der Schüler erkennt den richtigen Zeitpunkt zum Beenden der Diskussion.	2		
Der Schüler ist in der Lage, das Resultat der Diskussion eigenständig und angemessen zu formulieren.	1		
Umgang mit den Mitschülern			
Der Schüler kann seine Mitschüler geschickt zu Redebeiträgen veranlassen.	2		
Der Schüler bringt seine Mitschüler dazu, Stellung zu beziehen.	1		
Störungen und „Killerphrasen" werden durch Sachlichkeit unterbunden.	2		
Der Schüler vermittelt und schlichtet, wenn es angebracht ist, polarisiert aber auch, wenn die Situation dies erfordert.	1		
Zum Abschluss wird ein Feedback eingefordert.	1		

Beobachtungsaspekt	Punkte Lehrer	Punkte Mitschüler	Bewertungs-faktor
Formale Aspekte			
Der Schüler ist in der Lage, im Kopf eine Rednerliste zu führen und zuverlässig einzuhalten.	2		
Der Schüler nimmt das „Zeitwächteramt" wahr, er achtet also genau auf vorgegebene Zeitlimits usw.	1		
Der Schüler bemüht sich, auch stillere Mitschüler an der Diskussion zu beteiligen.	1		
Vielredner werden sachlich und freundlich in die Schranken verwiesen.	1		

Mappenführung zum Thema: _____

Bewertungsaspekt	0	1	2	3
			Punkte	
Äußere Form				
Die Mappe ist vollständig.				
Sie enthält ein Inhaltsverzeichnis, die Seiten sind nummeriert und mit dem jeweiligen Datum versehen.				
Die Arbeitsblätter und Anlagen sind in der richtigen Reihenfolge eingeheftet.				
Das Inhaltsverzeichnis stimmt mit der Reihenfolge der Textabschnitte und Bilder überein.				
Die Mappe enthält zusätzliche Materialien.				
Die Gestaltung ist interessant und optisch ansprechend.				
Durch den Wechsel von Text, Bildern, Tabellen und Grafiken ist der Inhalt interessant dargestellt.				
Das Titelblatt macht neugierig auf den Inhalt.				
Es gibt ein Verzeichnis der benutzten Materialien.				
Die benutzte Literatur ist vollständig angegeben.				
Inhaltliche Ausarbeitung				
Die Texte sind fehlerfrei geschrieben.				
Die Sprache ist angemessen und verständlich.				
Die Fachsprache ist richtig verwendet worden.				
Unbekannte Begriffe oder Verfahrensweisen werden erklärt.				
Die Auswahl des Themas wird begründet und hinterfragt.				
Das Thema wird unter verschiedenen Aspekten betrachtet und bearbeitet.				
Am Schluss findet eine kritische Auswertung statt.				
Eigenständigkeit der Arbeit				
Die Texte sind erkennbar selber verfasst.				
Sowohl die sprachliche Formulierung als auch die inhaltliche Durchdringung des Themas lässt die Selbstständigkeit der Arbeit erkennen.				
Zitate sind entsprechend den Vorgaben kenntlich gemacht worden.				
Alle zitierten Quellenangaben finden sich im Literaturverzeichnis wieder.				
Alle Internetrecherchen sind gemäß den verabredeten Regeln gekennzeichnet.				

Gesamtergebnis

Bewertungsbogen für Portfolios

Arbeitsergebnisse aus dem Unterricht	Punkte Lehrer	Punkte Schüler	Punkte selbst
Eigene, selbst geschriebene Texte			
Bilder, Skizzen, grafische Darstellungen			
Arbeitspläne, Verlaufspläne, Planungsskizzen			
Protokolle, Arbeitsberichte			
Dokumentationen eines Arbeitsprozesses			
Schriftliche Vorbereitungen eines Referates, einer Präsentation			
Rechercheergebnisse aus Büchern oder dem Internet			
Fotos, Dias, Videoaufnahmen, Interviews			
Eigene Modelle, Veranschaulichungen, praktische Produkte			
Besonders gelungene Hausaufgaben			
Mappen und Hefte			
Klassenarbeiten, Klausuren, Tests			
Ergebnisse aus der Lebensumwelt			
Praktikumsberichte			
Beurteilungen praktischer Ergebnisse durch andere			
Berichte der Eltern oder Freunde			
Recherchen, Informationsmaterial			
Berichte über außerschulische Aktivitäten			
Urkunden aus Sportvereinen, Wettbewerben			
Sonstiges			
Lernrückmeldungen			
Beurteilungen besonderer Leistungen			
Rückmeldungen der Mitschüler			
Beurteilungen zum Verhalten in Gruppenarbeitsphasen			
Rückmeldungen zum Arbeits- und Sozialverhalten			
Selbstbeurteilung			
Lerntagebuch			
Selbstbeobachtungsbögen			
Selbstbewertungsbögen			
Individuelle, selbst benannte Ziele			
Briefe, schriftliche Stellungnahmen			

Schreibe einen Brief an deinen Lehrer!

Berücksichtige dabei folgende Fragen und begründe deine Aussagen:
- Was gefällt dir am besten und was am wenigsten an deinem Portfolio?
- Welche Ergebnisse, Mappen oder Produkte sind dir besonders gut gelungen?
- Was war ziemlich anstrengend und mühsam und hat trotzdem geklappt?
- Woran lassen sich besonders gut deine Lernfortschritte erkennen?
- Womit bist du nicht zufrieden?
- Welche Ziele setzt du dir für das nächste Portfolio?

Liebe (r)   _____

Mein Portfolio ...

Rückmeldung des Lehrers

Portfolio – Selbstbewertung

Name:	Dein Thema:
Weshalb hast du dieses Thema gewählt?	
Wie hast du deine Informationen gesucht?	
Was hast du dabei gelernt?	
Ist es dir gelungen, einen interessanten Bericht zusammenzustellen?	
Was könntest du nächstes Mal noch verbessern?	
Frage in der Klasse nach, ob die Schüler bei der Vorstellung deines Berichts etwas gelernt haben und ob sie alles verstanden haben.	
War dein Bericht interessant und lehrreich?	
Bewerte dein Ergebnis:	

Bewertung eines Portfolios mit Hilfe eines Koordinatensystems

Interpretiere die Grafik! Was sagt sie über dein Portfolio aus?

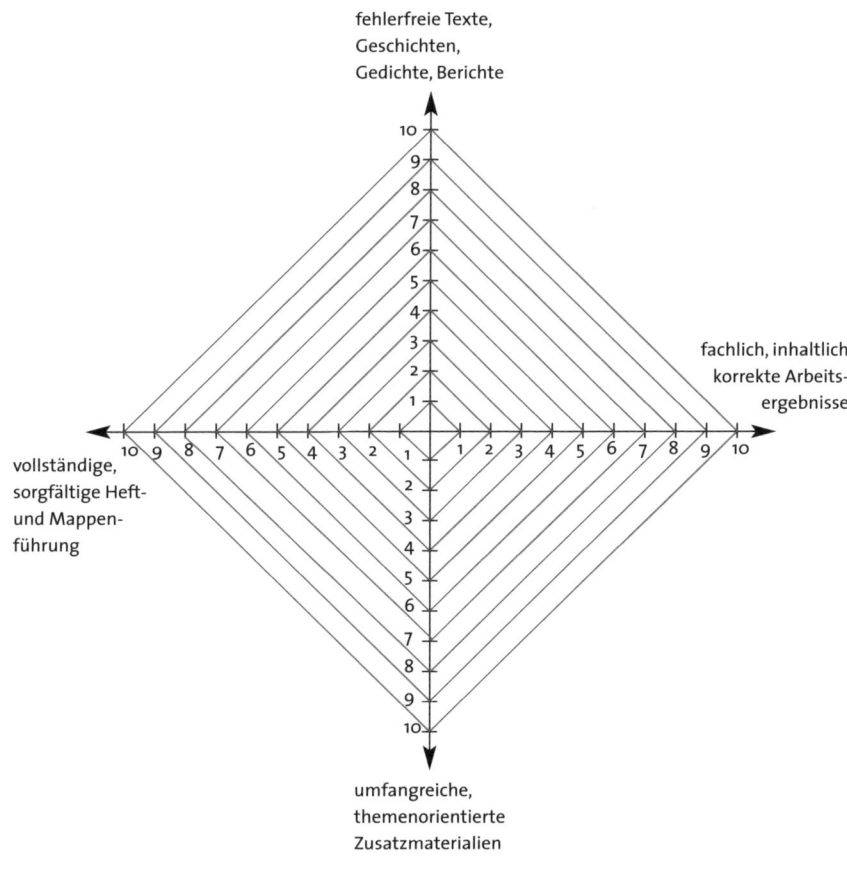

Auswertung eines Experiments

Arbeitsschritte	Bewertungs-faktor	Punkte
Versuchsplanung		
Die aufgestellte Hypothese war sinnvoll, eindeutig und sprachlich angemessen.		
Die Planung des Versuches war nachvollziehbar und verständlich.		
Die Planung war sinnvoll durchdacht.		
Die genutzten Materialien waren zweckmäßig.		
Die Planung zeigt einen hohen Grad an Kreativität.		
Versuchsdurchführung		
Die Versuchsanleitung wurde angemessen umgesetzt.		
Der Versuch konnte ohne Änderungen gemäß der Planung durchgeführt werden.		
Die aufgeführten Materialien waren zweckmäßig und konnten eingesetzt werden.		
Es wurde auf eine hohe Messgenauigkeit geachtet und eventuelle Messfehler ausgeschaltet.		
Fehler wurden entdeckt.		
Auf Fehler in der Versuchsplanung wurde angemessen reagiert.		
Der Versuch wurde jeweils den veränderten Bedingungen angepasst.		
Die Vor- und Nachteile des Verfahrens wurden deutlich.		
Versuchsauswertung		
Die Beobachtungen wurden exakt beschrieben und festgehalten.		
Die Hypothese konnte durch den Versuch eindeutig bestätigt oder widerlegt werden.		
Fehler wurden bei der Interpretation angemessen berücksichtigt.		
Die Daten wurden richtig interpretiert.		
Die Ergebnisse wurden in angemessener Form protokolliert.		
Dokumentation		
Die Ergebnisse sind korrekt und verständlich veranschaulicht worden.		
Die Präsentation war ansprechend, verständlich und in sich schlüssig.		
Die bekannten Regeln der Dokumentation wurden eingehalten.		
Die Vor- und Nachteile des Verfahrens wurden benannt.		

Bewertungsbogen für „szenische Interpretationen" und „darstellendes Spiel"

Lern- und Leistungsbereich	Bewertungs-faktor	Punkte Lehrer	Punkte Schüler	Punkte Mitschüler
Rollenbiografien und -monologe				
Der Text ist grundsätzlich verstanden.	1			
Die Einfühlung in die Figur ist gelungen.	2			
Der Wesenskern der Figur ist herausgearbeitet.	3			
Die Situation, in der die Figur dargestellt wird, ist angemessen.	1			
Die Figur wird entwickelt und differenziert.	2			
Die Intention des Autors bzw. Regisseurs wird getroffen.	1			
Schauspielerische Leistung				
Angemessene Mimik und Gestik	1			
Körpersprache: Der gesamte Körper wird eingesetzt.	1			
Körpersprache: Der Schüler bewegt sich sicher und nutzt die gesamte Bühne.	2			
Die Sprache ist gut verständlich und akzentuiert.	1			
Die Sprache gibt Aufschluss über Gefühle und Stimmungen.	1			
Requisiten werden geschickt eingesetzt und dienen nicht zum Verbergen der Unsicherheit.	1			
Der Schüler geht angemessen mit Kritik um und kritisiert die anderen sachlich.	1			
Der Schüler fühlt sich verantwortlich für den Gruppenprozess.	1			
Der Schüler ist verlässlich und teamfähig.	1			
Gestaltung der äußeren Rahmen-bedingungen				
Kreative Konzeption von Bühnenbildern	1			
Handwerklich geschickte Umsetzung bei der Herstellung von Bühnenbildern	1			
Kreative Konzeption von Kostümen und Masken	1			
Handwerklich geschickte Umsetzung	1			
Kompetenz im Umgang mit Licht und Ton	1			
Öffentlichkeitsarbeit	1			

„Stärken und Ziele": Selbsteinschätzung – Einschätzung durch Mitschüler

	Selbstein-schätzung	Mitschüler
Wert auf Ordnung legen		
Pfleglicher Umgang mit Arbeitsmaterialien		
Zielstrebigkeit bei der Arbeit		
Konzentration: sich nicht ablenken lassen		
Konzentration: über einen längeren Zeitraum dauerhaft arbeiten		
Fähigkeit zur selbstständigen Arbeit, auch bei schwierigen Themen		
Lust daran, sich selbstständig Themen zu erarbeiten		
Notwendige, zu erledigende Dinge werden nicht auf später verschoben		
Rechtzeitige und sorgfältige Erledigung aufgegebener Arbeiten		
Hohe Belastbarkeit		
Schnelle Auffassungsgabe		
Interesse an Neuem und Unbekanntem		
Fähigkeit, gezielte Fragen zu stellen und Hilfsangebote zu nutzen		
Freude daran, neue Ideen in den Unterricht einzubringen		
Zuverlässigkeit und Pünktlichkeit		
Einhalten von Zusagen		
Freude daran, mit anderen zusammen zu arbeiten		
Bereitschaft, Arbeiten zu übernehmen und Verantwortung zu tragen		
Fähigkeiten zum Ausgleich und zum Schlichten von Konflikten		
Bereitschaft, sich für die Mitschüler einzusetzen		
Fähigkeit, auf Kritik gelassen und sachlich zu reagieren		
Ausdauer auch bei Arbeiten, die zunächst einen Misserfolg bringen		

Bewertungsbogen zum Lernverhalten

Bereitschaft zum Lernen und zur Ausdauer	Fächer									
Bringt Neugier, Staunen, Wissensdurst gegenüber neuen Lerngegenständen auf										
Lässt sich von offenen Fragen zu Lernanstrengungen bewegen										
Setzt sich Ziele, die seinen/ihren Möglichkeiten angemessen sind										
Bringt auch nach Misserfolgen die nötige Lernenergie auf										
Kann sein/ihr Verhalten so steuern, dass die Arbeit an der Sache nicht gestört wird										
Lernverhalten den Unterrichtsgegenständen gegenüber										
Erfasst die Aufgaben gedanklich										
Entwickelt eigene Ideen für Lösungen										
Erledigt alle Aufgaben mit der nötigen Regelmäßigkeit, Ordnung und Sorgfalt										
Geht mit Arbeitsmitteln angemessen um										
Beherrscht die notwendigen Arbeitstechniken										
Erreicht das vorgesehene Arbeitstempo ohne Qualitätseinbußen										
Kann sich mit einer Aufgabe genügend lange beschäftigen, ohne zu ermüden oder sich ablenken zu lassen										
Lernverhalten in der Gruppe										
Kann offene Fragen oder Probleme als gemeinsame Aufgabe ansehen										
Arbeitet mit anderen gemeinsam an Lösungen										
Behält sein/ihr Wissen nicht für sich, sondern macht es für die Gruppe nutzbar										
Erträgt Einwände und Kritik und verarbeitet sie										
Hält sich an verabredete Normen und Regeln										
Vertritt eigene Meinungen sachgerecht										
Übernimmt Verantwortung										
Akzeptiert andere und respektiert ihre Meinungen										
Lernergebnisse										
Verfügt über umfangreiches und sicheres Wissen, Fähigkeiten und Fertigkeiten										
Merkt sich Gelerntes auch über längere Zeit										
Nimmt Einzelheiten wahr oder stellt sie sich vor										
Kann Einzelheiten in Zusammenhänge einordnen										
Kann Gelerntes auf neue Probleme übertragen										

Schüler-Beobachtungsbogen: Lern-, Arbeits- und Sozialverhalten

1. Lernverhalten
Wahrnehmungsfähigkeit _____
_____
_____

Auffassungsgabe _____
_____
_____

Ausdrucksvermögen _____
_____
_____

Wiedergabefähigkeit _____
_____
_____

Übertragungsfähigkeit _____
_____
_____

Beurteilungskompetenz _____
_____
_____

2. Arbeitsverhalten
Arbeitsorganisation _____
_____
_____

Konzentration _____
_____
_____

Selbstständigkeit _____
_____
_____

Engagement _____
_____
_____

3. Sozialverhalten
Teamfähigkeit _____
_____
_____

Hilfsbereitschaft _____
_____
_____

Soziale Sensibilität _____
_____
_____

Konfliktfähigkeit _____
_____
_____

Selbstsicherheit _____
_____
_____

Schüler-Beobachtungsbogen:
Beobachtungshilfen – Formulierungshilfen

1. Lernverhalten

Wahrnehmungsfähigkeit: Der Schüler ...
- nimmt Veränderungen in der schulischen Umgebung wahr.
- registriert die Stimmungen der Mitschüler.
- bemerkt Umgestaltungen im Klassenraum.
- erkennt Unterschiede oder Gemeinsamkeiten und benennt sie.
- benennt sinnliche Unterschiede und Veränderungen.
- identifiziert Gegenstände auch aus ihren Teilelementen, vergleicht Bekanntes mit Unbekanntem.

Auffassungsgabe: Der Schüler ...
- erkennt Zusammenhänge, Gemeinsamkeiten und Trennendes.
- unterscheidet Wesentliches von Unwesentlichem.
- versteht Sachverhalte, Darstellungen und Vorgänge.
- beschreibt lückenlos Zusammenhänge und komplexe Abläufe.
- versteht logische Verknüpfungen und Zusammenhänge.
- erfasst das Wesentliche in Aussagen, Texten und Versuchen.
- begreift Aufgabenstellungen, Problembeschreibungen und Anleitungen.
- entwickelt eigene Lösungswege für ein Problem.
- ist in der Lage, aus mehreren Lösungsverfahren das geeignetste auszuwählen.
- leitet aus Einzelbeobachtungen richtige Schlussfolgerungen ab.

Ausdrucksvermögen: Der Schüler ...
- verfügt über einen angemessen großen Wortschatz.
- drückt sich sprachlich und inhaltlich verständlich aus.
- unterstützt Aussagen und Erklärungen durch Gestik und Mimik.
- verfügt über eine bildhafte und fantasievolle Sprache.
- übersetzt komplizierte Sachverhalte verständlich und nachvollziehbar.
- nutzt geeignete Methoden und Medien zur Darstellung.
- strukturiert Aussagen durch angemessene Satzkonstruktionen.
- erzählt und berichtet über Wahrnehmungen detailgetreu.

Wiedergabefähigkeit: Der Schüler ...
- verfügt und nutzt altes Wissen zur Erklärung neuer Zusammenhänge.
- gibt das Wesentliche eines komplexen Sachverhalts wieder.
- ist in der Lage, Inhalte aus den letzten Unterrichtsstunden zu wiederholen.
- ergänzt angemessen fehlerhafte Beiträge.
- trennt Wichtiges von Unwichtigem bei einer Darstellung oder Beschreibung.

Übertragungsfähigkeit: Der Schüler ...
- bearbeitet Probleme und Aufgaben entsprechend den Vorgaben.
- denkt voraus und löst sich von eingeübten Schemata.
- überträgt bekannte Verfahren und Gelerntes auf ähnliche Aufgabenstellungen.
- findet Anwendungsbeispiele zu Regeln und Gesetze.
- nutzt außerschulische Erfahrungen zur Lösung von Problemstellungen.

- löst neue und strukturähnliche Probleme und Aufgabenstellungen.
- überträgt Gelerntes auf neue Sachverhalte und Situationen.
- ist in der Lage, neue Perspektiven für Bekanntes zu entwickeln.
- verwendet unterschiedliche Darstellungsformen und -mittel.

Beurteilungskompetenz: Der Schüler ...
- beurteilt eigene und fremde Leistungen angemessen und kritisch.
- kann folgerichtig urteilen und handeln.
- hinterfragt Lösungsvorschläge, Vorgehensweisen, Anforderungen und Arbeitsanweisungen.
- begründet eigene Meinungen und Ansichten einsichtig und lässt sich fremde begründen.
- erkennt Widersprüchlichkeiten in Auffassungen und Äußerungen.
- hinterfragt Probleme nach deren Ursachen.
- überlegt die Konsequenzen vor einer Handlung.
- wählt Vor- und Nachteile gegeneinander ab.
- stellt kritische Fragen.

2. Arbeitsverhalten

Arbeitsorganisation: Der Schüler ...
- arbeitet zielgerichtet, zuverlässig und präzise.
- bereitet seinen Arbeitsplatz so vor, dass alle benötigten Arbeitsmaterialien vorbereitet und vorhanden sind.
- organisiert und plant seine Arbeit sinnvoll und zweckmäßig.
- ist in der Lage, seine Zeit für die Erledigung einer Aufgabe richtig einzuteilen.
- stellt eine Rangfolge der zu lösenden Probleme auf.
- unterteilt die Aufgaben in sinnvolle Teilaufgaben und Zeitabschnitte.
- vergleicht Zeitaufwand und Resultat und zieht Rückschlüsse.
- hält die vereinbarten Zeiten zur Erledigung einer Arbeit ein.

Konzentration: Der Schüler ...
- arbeitet konzentriert und ausdauernd über längere Zeit.
- lässt sich nicht ablenken.
- beschäftigt sich intensiv und längere Zeit mit einem Thema.
- beendet jede angefangene Arbeit.
- vertieft sich in die Arbeit und die Problemstellung.
- bemüht sich um gleichbleibende Qualität der Ergebnisse.
- arbeitet nicht oberflächlich oder flüchtig.

Selbstständigkeit: Der Schüler ...
- arbeitet selbstständig und ohne ständige Kontrolle.
- schätzt sein Leistungsvermögen richtig ein.
- plant die Lösung von Aufgaben und Problemen vor der Bearbeitung.
- nimmt neue Lerninhalte auf, hinterfragt und verarbeitet sie sicher.
- ist in der Lage zu improvisieren.
- weiß sich im Regelfall bei Problemen selber zu helfen.
- beschafft und organisiert selbstständig weiterführende Informationen und Materialien.
- tritt selbstsicher, bestimmt und zielorientiert auf.

Engagement: Der Schüler ...
- zeigt Interesse am Unterricht und an den Lerninhalten.
- bemüht sich um Mitarbeit und bringt Ideen, Vorschläge und Anregungen ein.
- bereichert den Unterricht durch außerhalb der Schule gewonnene Erfahrungen.
- strengt sich an und lässt sich nicht entmutigen.
- übernimmt freiwillig Aufgaben, auch ungewöhnliche oder mit höherem Schwierigkeitsgrad.
- bemüht sich um fehlerfreies Arbeiten, lernt aber auch aus Fehlern.
- ist bestrebt, sein Wissen und Können zu erweitern.
- informiert sich durch zusätzliche Materialien und Medien.
- ist neugierig und hat Spaß und Freude an der Arbeit.

3. Sozialverhalten

Teamfähigkeit: Der Schüler ...
- arbeitet gerne mit anderen Schülern zusammen.
- bemüht sich um Gerechtigkeit, die Einhaltung der vereinbarten Regeln und die Arbeitsverteilung in der Gruppe.
- akzeptiert mehrheitlich entschiedene Beschlüsse.
- sorgt für ein angenehmes Arbeitsklima.
- ist kompromissbereit und übernimmt auch eher unangenehme Aufgaben.
- stellt das Gruppenziel vor persönliche Interessen und Ziele.
- beteiligt sich an gemeinsamen Planungen und Lösungen aktiv.
- wertschätzt die Beiträge seiner Teampartner.
- hört anderen zu, geht auf sie ein und schätzt sie.
- leiht Materialien aus und bemüht sich um Unterstützung.

Hilfsbereitschaft: Der Schüler ...
- hilft anderen und respektiert sie.
- wird von seinen Mitschülern sehr geschätzt.
- unterstützt schwächere Schüler und setzt sich für sie ein.
- verzichtet auf eigene Vorteile zugunsten anderer.
- übernimmt freiwillig auch unangenehme Aufgaben.
- ist ein wichtiges Mitglied der Klassengemeinschaft.
- handelt rücksichtsvoll, fair und gerecht.
- übernimmt Verantwortung für sich selbst und andere.

Soziale Sensibilität: Der Schüler ...
- erkennt die Gefühle und Bedürfnisse anderer und geht darauf ein.
- zeigt Freude, Ängste, Betroffenheit, Mitgefühl und Verständnis.
- kümmert sich um Migranten, Kranke und Behinderte.
- zeigt Einfühlungsvermögen, Toleranz und Anteilnahme.
- ist in der Lage, sich in andere hineinzuversetzen.
- schätzt sich und seine Rolle innerhalb der Klassengemeinschaft richtig ein.

Konfliktfähigkeit: Der Schüler ...
- bemüht sich um Vermittlung bei Konflikten und Streitereien.
- schlichtet Streit und Auseinandersetzungen mit fairen Mitteln.
- wehrt sich angemessen gegen verbale und körperliche Angriffe.

- akzeptiert die Standpunkte und Meinungen anderer.
- versucht, die Ursachen eines Konflikts zu hinterfragen und offen zu legen.
- bietet sich als Streitschlichter an, um Konflikte zu lösen.
- ist nicht unsachlich, hinterhältig oder nachtragend.
- ist in der Lage, eigenes Verhalten sachlich zu vertreten, zu begründen und zu verteidigen.
- äußert Kritik offen, positiv aufbauend und mit konstruktiven Vorschlägen.
- lässt sich kritisieren, erträgt dieses und bemüht sich um Verhaltensänderung.

Selbstsicherheit: Der Schüler ...
- ist in der Lage, seine Arbeitsergebnisse richtig einzuschätzen.
- erbringt und zeigt Leistungen sowohl im Unterricht als auch in Leistungsüberprüfungen.
- äußert sich sicher und treffend zu den geforderten Aufgaben.
- sagt, was er denkt, und steht zu seiner Meinung.
- überspielt seine Schwächen nicht, sondern steht zu ihnen und geht konstruktiv damit um.
- tritt sicher, ruhig, freundlich und gefasst auf.
- wird in der Klassengemeinschaft akzeptiert und umgekehrt.
- lässt sich durch kritische Äußerungen nicht unmittelbar verunsichern.
- spricht mit dem Lehrer, wenn er sich ungerecht behandelt fühlt.
- verfügt über psychomotorisches Geschick.
- entwickelt handwerkliche, praktische Fähigkeiten.
- ist ein emanzipiertes Mitglied unserer Klasse.

Auswertung der Lernkontrolle, Klasse 6, Thema: Winkelberechnungen

Name: _____   Datum: _____

Ich habe dir hier angekreuzt, welche Fähigkeiten und Fertigkeiten du gelernt hast und anwenden kannst.

- ☐ Du kannst die Größe eines Winkels richtig ausmessen und angeben.
- ☐ Du zeichnest angegebene Winkelgrößen richtig.
- ☐ Du berechnest die Größe eines Winkels richtig.
- ☐ Du bist in der Lage, einen Punkt auf einer Geraden festzulegen und in diesen Punkt an die Gerade Winkel anzutragen.
- ☐ Du ergänzt vorgegebene Winkelgrößen richtig.
- ☐ Du kennst Stufen- und Wechselwinkel.
- ☐ Du verstehst den Inhalt von Textaufgaben und übersetzt die Fachsprache in handlungsorientierte Anweisungen.
- ☐ Du fertigst saubere und übersichtliche Zeichnungen an.
- ☐ Du bist in der Lage, mit Geodreieck, Zirkel, Lineal und Bleistift anschauliche Zeichnungen anzufertigen.
- ☐ Du setzt die Winkelbezeichnungen richtig ein.
- ☐ Du kennst die geometrischen Fachausdrücke und setzt sie richtig ein.
- ☐ Spezielle Winkelbezeichnungen gibst du in der richtigen Gradzahl an.
- ☐ Bestimmte Winkelgrößen benennst du mit ihrem Fachbegriff.

Ich habe hier angekreuzt, was du unbedingt noch einmal wiederholen und üben solltest (du findest die entsprechenden Übungen in den nächsten Wochen im Arbeitsplan):

- ☐ Wiederhole und übe das Ausmessen von Winkeln.
- ☐ Zeichne unterschiedlich große Winkel noch einmal zur Übung.
- ☐ Wiederhole die mathematische Fachsprache, damit du die Arbeitsaufträge verstehst.
- ☐ Informiere dich über Winkelgrößen in bestimmten Figuren und Körper.
- ☐ Die Sorgfalt in deinen zeichnerischen Darstellungen sollte sich verbessern und von dir geübt werden.

Schriftliche Befragung (Fragebogen) zur Nachbereitung einer Unterrichtseinheit

Thema: _____   im Fach: _____

vom _____   bis _____

1. Im Unterricht können Sie Kompetenzen in unterschiedlichen Lernfeldern erwerben. Bitte beurteilen Sie in den einzelnen Feldern, ob Sie sehr viel (3), viel (2), wenig (1) oder nichts (0) dazugelernt haben und ob Sie sich darin sehr (3), einigermaßen (2), wenig (1) oder nicht (0) kompetent fühlen. Tragen Sie die entsprechenden Zahlen bitte in die Kästen ein:

A. *Zielerreichendes Lernen*

Erwerb von inhaltlichem, fachlichem
Wissen, Fähigkeiten, Fertigkeiten

Lernzuwachs: ☐
Kompetenz: ☐

B. *Methodisch-strategisches Lernen*

Erwerb von Arbeitstechniken und Lernverfahren,
die auch für künftige Lebenssituationen von
Bedeutung sein werden

Lernzuwachs: ☐
Kompetenz: ☐

C. *Sozial-kommunikatives Lernen*

Erfahrungen in Gruppen im Umgang
miteinander und in der Gestaltung
eines positiven sozialen Klimas

Lernzuwachs: ☐
Kompetenz: ☐

D. *Selbsterfahrung und selbst beurteilendes Lernen*

Erfahrung und Selbsteinschätzung der
eigenen Stärken und Grenzen

Lernzuwachs: ☐
Kompetenz: ☐

2. Neben Veränderungen im Wissen können sich auch Haltungen und Einstellungen ändern, kann sich das Gelernte auch auf zukünftiges Handeln auswirken.
Registrieren Sie dazu bei sich Veränderungen: Ja / nein
Wenn ja, welche? _____

_____

3. Bitte überlegen sie abschließend, wie Sie Ihren Beitrag zur Erreichung der Unterrichtsziele beurteilen. Wenn Sie können, sollten Sie einen konkreten Vorschlag machen, wie Ihre Mitarbeit im Unterricht benotet werden sollte:

Es ist hilfreich, wenn Sie Ihren Vorschlag kurz begründen: _____

_____

_____

© Cornelsen Verlag Scriptor, Berlin • Paradies/Wester/Greving, Leistungsmessung und -bewertung

Schüler/innen-Selbstbeurteilung

Name: _____

Mathematik, 6. Klasse
Thema 1: „Glück und Zufall" (Bruchrechnung)
Thema 2: „Wie wir wohnen" (Flächenberechnung)

Mathematische Anforderungen	stimmt	stimmt besonders	stimmt bedingt	stimmt nicht
Ich kenne die Begriffe „Zufall, Zufallsversuch" und „Zufallsgerät" und ihre Bedeutung.				
Ich kann die Chancen und Wahrscheinlichkeiten für Spielsituationen abschätzen und vergleichen.				
Ich bin in der Lage, Wahrscheinlichkeiten in Form von Brüchen zu beschreiben.				
Ich kenne die Begriffe „Ereignisse" und „günstige Ereignisse" und kann ihre Wahrscheinlichkeiten berechnen.				
Ich bin in der Lage, die Wahrscheinlichkeiten von Teilereignissen zu berechnen und zu addieren.				
Ich kann Brüche nach ihrer Größe ordnen.				
Ich kann gleichnamige Brüche addieren.				
Ich kann gleichnamige Brüche subtrahieren.				
Ich kann Brüche erweitern und kürzen.				
Ich kann ungleichnamige Brüche erweitern und kürzen.				
Ich bin in der Lage, Brüche und damit Wahrscheinlichkeiten der Größe nach zu vergleichen.				
Ich kann Grundrisse von Wohnungen lesen und maßstäblich zeichnen.				
Aus vorgegebenen Zeichnungen lese ich Längen ab und berechne sie.				
Ich kann mein Zimmer maßstabsgerecht zeichnen.				
Ich kann mein Zimmer maßstabsgerecht einrichten.				
Ich kann Mietangebote vergleichen und beurteilen.				
Ich bin in der Lage, Flächeninhalte von Quadraten und Rechtecken zu berechnen.				
Ich bin in der Lage, Umfänge von Quadraten und Rechtecken zu berechnen.				
Ich kann die Größe unterschiedlicher Flächen miteinander vergleichen.				
Ich kann Längeneinheiten umrechnen.				
Ich kann Flächeneinheiten umrechnen.				
Ich bin in der Lage, Flächeninhalte mit der Flächenformel zu berechnen.				

Mathematische Anforderungen	stimmt besonders	stimmt bedingt	stimmt	stimmt nicht
Ich bin in der Lage, selbstständig zu arbeiten.				
Ich kann eigene Lösungsideen entwickeln.				
Ich beherrsche die Grundrechenarten.				
Ich kenne Rechengesetze und kann sie anwenden.				
Ich arbeite sauber und ordentlich.				
Ich kann sicher mit Geodreieck und Zirkel umgehen.				
Ich verstehe Textaufgaben und kann sie in Rechenoperationen umsetzen.				
Ich bin immer in der zur Verfügung stehenden Zeit mit meinen Aufgaben fertig.				

Schreibe hier bitte mit eigenen Worten:

1. Wie schätzt du deine mathematischen Kenntnisse ein?

_____

_____

_____

_____

_____

_____

_____

_____

_____

2. Wie schätzt du dein Arbeitsverhalten ein?

_____

_____

_____

_____

_____

_____

_____

_____

_____

Persönlicher Fragebogen zum 5. Schuljahr

Name: _____

Beantworte bitte folgende Fragen so ehrlich wie möglich.

Deine Vorlieben und Stärken in der Schule	fällt mir sehr leicht	fällt mir eher leicht	fällt mir eher schwer	fällt mir sehr schwer	mag ich ganz besonders
Mathematik					
Kopfrechnen					
Tafelrechnen					
Rechengeschichten					
Knobelaufgaben					
Deutsch					
sprechen					
Texte lesen und verstehen, Fragen beantworten					
eine Geschichte schreiben					
ein Diktat schreiben					
Englisch					
sprechen					
lesen (Texte verstehen ...)					
eine Geschichte schreiben					
ein Diktat schreiben					
Kunst und Musik					
Geschichte					
Erdkunde					
Religion / Werte und Normen (Ethik)					
Naturwissenschaften					
Sport					
etwas auswendig lernen					
mich auf meine Aufgaben konzentrieren					
selbstständig arbeiten					
regelmäßig verbessern					
beim Arbeiten nicht mogeln (abschreiben, immer gleich zum Taschenrechner greifen anstatt selbst zu rechnen ...)					
mich im Unterricht zu Wort melden					
ein Wort nachschlagen					
mit Klassenkameraden zusammenarbeiten					
eine Aufgabe zufrieden stellend erledigen, auch wenn sie mir nicht gefällt					
meine Zeit einteilen					
jede Aufgabe zum gewünschten Zeitpunkt abschließen					
so lange an einer Aufgabe arbeiten, bis sie zufrieden stellend erledigt ist					

Deine Vorlieben und Stärken in der Schule	fällt mir sehr leicht	fällt mir eher leicht	fällt mir eher schwer	fällt mir sehr schwer	mag ich ganz besonders
zu Hause selbstständig üben					
mich nicht ablenken lassen					
regelmäßig die eigenen Schulsachen aufräumen (Blätter einheften...)					
mich verständlich ausdrücken					
meine Meinung laut und deutlich sagen					
in einer Prüfung ruhig bleiben (nicht nervös werden)					
meine Aufgaben/Texte überlesen					
sorgfältig arbeiten (schön schreiben ...)					
in der Gruppe sinnvoll zu arbeiten					
Vokabeln oder einen kleinen Text auswendig lernen					
am Computer arbeiten					
in Büchern nach Informationen suchen					
im Internet nach Informationen suchen					
meine Schwächen akzeptieren					

Was möchtest du in diesem Jahr in der Schule lernen?
Über welche Themen möchtest du mehr erfahren?

_____

_____

_____

_____

_____

_____

Wenn ich eine schlechte Note bekomme, dann liegt das meistens daran, ...	trifft häufig zu	trifft manch- mal zu	ist selten der Fall	ist nie der Fall
dass ich die Anweisungen nicht beachtet habe.				
dass die Prüfung zu schwer war.				
dass ich einen schlechten Tag hatte.				
dass ich nicht genug gelernt hatte.				
dass ich mich nicht genug konzentriert habe.				
dass ich mich nicht genug angestrengt habe.				
dass ich nicht genau gelesen habe.				
dass ich viele Dinge durcheinander geworfen habe.				
dass ich zu Hause nur für eine Prüfung lerne, den Stoff aber sonst nie wiederhole.				

Wenn ich eine gute Note bekomme, dann liegt das meistens daran, ...	trifft häufig zu	trifft manch- mal zu	ist selten der Fall	ist nie der Fall
dass die Prüfung sehr leicht war.				
dass ich einen guten Tag hatte.				
dass ich sehr viel gelernt habe.				
dass ich gut in dem Fach bin.				
dass ich im Unterricht aktiv mitarbeite.				
dass ich zu Hause regelmäßig wiederhole und übe.				
dass ich mir viel Mühe gegeben und mich sehr gut konzentriert habe.				

Lernen ist _____

_____

_____

Ich bin zufrieden, wenn _____

_____

_____

Ich bin unzufrieden, wenn _____

_____

_____

Die folgenden Fragen brauchst du nicht schriftlich zu beantworten.
Wir werden uns in einem Einzelgespräch darüber unterhalten:

Deine Lese- und Schreibgewohnheiten
- Denkst du, dass du ein guter Leser bist?
- Was liest du?
- Liest du gerne? Warum?
- Welches ist dein Lieblingsbuch? Weshalb ist dieses Buch für dich wichtig?
- Magst du es, wenn man dir Geschichten vorliest?
- Denkst du, dass du gute Geschichten oder gute Texte schreibst?
- Welche Texte sind für dich wichtig, wenn du schreibst?
- Schreibst du auch manchmal zu Hause?

Deine Lerngewohnheiten
- Was bedeutet Lernen für dich?
- Was ist wichtig, damit du gut lernen kannst?
- Was möchtest du in nächster Zeit lernen?

Zeichne mir hier ein Bild, das ausdrückt, wie du dich momentan in der Schule fühlst!

Persönlicher Fragebogen

Name: _____

Trage eine Nummer zwischen 0 und 3 ein (0 = gar nicht, 2 = ein bisschen, 3 = sehr).

Meine Einstellung zur Arbeit

Es fällt mir schwer, die Arbeit einzuteilen.	
Ohne Wochenplan würde ich mir mehr Mühe geben.	
Am Anfang hatte ich einige Schwierigkeiten, doch dann ging es recht gut.	
Ich muss stets am Wochenende nacharbeiten, weil ich den Wochenplan nie fertig habe.	
Ich mag die Arbeit mit dem Wochenplan nicht, weil ich mich nicht auf meine Arbeit konzentrieren kann.	
Ich lasse mich sehr schnell ablenken.	
Ich arbeite gern mit dem Wochenplan.	
Ich mogle oft, um schneller fertig zu sein, weiß aber, dass ich so nichts lerne.	
Ich habe wenig Selbstdisziplin und bevorzuge es, wenn die Lehrerin mir sagt, was ich als Nächstes tun soll.	
Ich bin sehr unordentlich und finde meine Aufgaben oft nicht.	
Ich arbeite gern mit dem Wochenplan, weil ich mir die Aufgaben selbstständig einteilen kann.	
Aufgaben aus dem Wochenplan erledige ich mit weniger Sorgfalt als andere Aufgaben.	
Ich weiß, dass ich mehr leisten könnte oder sorgfältiger arbeiten könnte.	
Ich störe in der Klasse und bin mir dessen auch bewusst.	
Ich bin sehr ruhig in der Klasse und bemühe mich aufzupassen.	
Ich habe gelernt, mir meine Arbeit einzuteilen.	
Ich verliere oft mein Material.	
Manchmal sehe ich den Sinn der Aufgaben nicht ein.	
Ich bin in den Prüfungen oft unruhig und aufgeregt.	
Ich habe Schwierigkeiten, mich klar und deutlich auszudrücken.	

Bemerkungen:

_____
_____
_____
_____
_____
_____
_____

Versuche einzuschätzen, was du dieses Jahr alles gelernt hast.

_____
_____
_____
_____
_____
_____
_____
_____

Was findest du besonders wichtig?

_____
_____
_____
_____
_____
_____
_____
_____

Was findest du total unwichtig?

_____
_____
_____
_____
_____
_____
_____

Was hast du mit der Wochenplanarbeit lernen können?

_____
_____
_____
_____
_____
_____

Was wünschst du dir für nächstes Jahr? Was möchtest du lernen/erfahren?
Was möchtest du in der Klasse ändern beziehungsweise beibehalten?
(Bitte bleibe realistisch und versuche, Sachen aufzuzählen, die wirklich machbar sind!)

_____
_____
_____
_____
_____
_____
_____

Deine Lerngewohnheiten
(Diese Fragen brauchst du nicht schriftlich zu beantworten.)

- Denkst du, dass du dir dieses Jahr viel Mühe beim Lernen gegeben hast?
- Was lernst du gerne?
- Wann lernst du gut? Was muss stimmen, damit du gut lernen kannst?
- Findest du manchmal, dass du Sachen lernen musst, die für dich nicht wichtig sind oder keinen Sinn ergeben? Wenn ja, welche?
- Machst du dir manchmal Gedanken darüber, weshalb du etwas lernen musst?
- Gibt es Sachen, die wir in der Schule nicht lernen/gelernt haben, die dich aber sehr interessieren würden?
- Überlege, was Lernen für dich bedeutet und was du in Zukunft verbessern kannst, um besser zu lernen.

Zeichne mir hier ein Bild, das ausdrückt, wie du dich dieses Jahr in der Schule gefühlt hast!
Denke an Situationen zurück, in denen du traurig, zufrieden, konzentriert, interessiert, gelangweilt …
warst! Du kannst auch einzelne kleine Bilder zeichnen mit einem kurzen Text darunter.

Vielen Dank für deine Mitarbeit!
Ich wünsche dir erholsame Ferien!

Selbstbewertungsbogen: Schultag – Hausaufgaben

Name: Datum:

Schultag	Montag	Dienstag	Mittwoch	Donnerstag	Freitag
Ich habe meine Aufgaben unaufgefordert vorgelegt.					
Ich habe den Wochenplan vollständig erledigt.					
Ich habe gefragt, wenn ich etwas nicht verstanden habe.					
Ich habe mir Mühe gegeben, fehlerfrei und leserlich zu schreiben.					
Ich habe den Rand eingehalten und Überschriften geschrieben.					
Ich habe Datum, Nummer und Seite immer eingetragen.					
Ich habe alle Blätter in der richtigen Reihenfolge eingeordnet.					
Ich habe meine Materialien nicht zu Hause vergessen.					
Ich habe meine Mitschüler nicht beim Lernen gestört.					
Ich habe meinen Klassenkameraden beim Lernen geholfen.					
Ich habe den Unterricht aufmerksam verfolgt.					
Ich habe im Unterricht aktiv mitgearbeitet.					
Ich habe meine Mitschüler ausreden lassen und ihnen zugehört.					
Ich habe es mitgeteilt, wenn mich etwas in der Klasse störte.					
Ich habe alle Aufgaben dieser Woche erledigt.					

Hausaufgabe	Montag	Dienstag	Mittwoch	Donnerstag	Freitag
Ich habe nichts in der Schule vergessen.					
Ich weiß genau, was ich zu Hause erledigen muss.					
Ich habe alle Aufgaben sorgfältig und zuverlässig bearbeitet.					
Ich habe meine Hefte überprüft, ergänzt und vervollständigt.					
Ich habe den Unterrichtsstoff wiederholt und geübt.					
Ich habe in meinem Buch gelesen.					

Persönliche Bewertung der Woche:

Werkzeugkiste – Selbstbewertung in Mathematik

Bewerte die einzelnen Kenntnisse mit den Punkten 0 (gar nicht) bis 3 (sehr gut).

Flexibler Umgang mit Zahlen

schätzen, runden ☐

Bewertung der Genauigkeit ☐

grundlegende Rechenfertigkeiten ☐

Umgang mit Größen

angemessene Größenvorstellung ☐

Umwandlung von Größen ☐

messen, vergleichen ☐

Grundlegende algebraische Fertigkeiten und Fähigkeiten

einfache Termumformungen ☐

Gleichungslehre ☐

einfache Gleichungssysteme ☐

aufstellen, interpretieren von Formeln
(auch als Wortgleichungen) ☐

angemessene Variablenvorstellung ☐

Verhältnisse aufstellen und interpretieren ☐

Flächen- und Raumvorstellung

Darstellungsformen von Flächen und Körpern ☐

Flächenergänzungen und -zerlegungen ☐

Flächenvergleiche ☐

Raumergänzungen und -zerlegungen ☐

Lagebeziehungen herstellen ☐

Verhältnisse aufstellen und interpretieren ☐

Symmetrien erkennen und anwenden ☐

Sachgerechter Einsatz von Hilfsmitteln

Computer ☐

Taschenrechner ☐

Formelsammlung ☐

Zirkel, Geodreieck, Lineal ☐

Funktionale Zusammenhänge

Darstellungsformen von Zuordnungen ☐

aufstellen, beschreiben, interpretieren ☐

Umgang mit lokalen und globalen Eigenschaften ☐

Selbstbewertungsscheibe

Name: _____   Klasse: _____

Zeitraum: _____   Datum: _____

Beschreibe, was du unter diesen Begriffen verstehst:

Selbstständigkeit: _____

_____

Kooperationsfähigkeit: _____

_____

Sorgfältigkeit: _____

_____

Kritikfähigkeit: _____

_____

Zielstrebigkeit: _____

_____

Konzentration: _____

_____

Sortiere dich auf der Scheibe ein: Wo stehst du in jedem Feld?
Je größer deine Fähigkeit in dem Gebiet ist, desto näher triffst du in die Mitte!

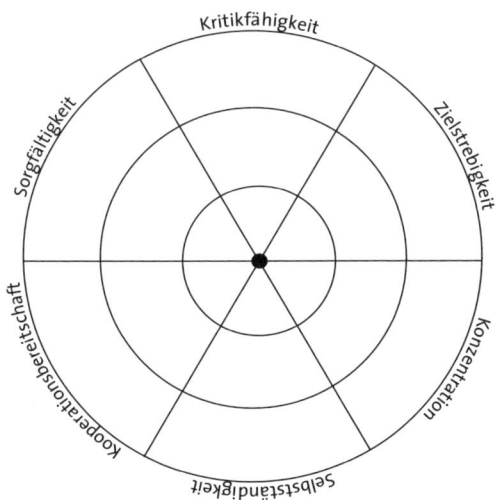

Selbstbeobachtungsbogen

1. Lernverhalten

So merke ich mir wichtige Dinge am besten:

_____

_____

So verstehe ich wichtige Regeln und Gesetze:

_____

_____

So spreche ich deutlich und verständlich:

_____

_____

So kann ich den Inhalt der letzten Stunde am besten erklären:

_____

_____

So finde ich am leichtesten Beispiele für den Unterricht:

_____

_____

So kann ich leicht erklären, wie ich etwas lerne:

_____

_____

So kann ich am besten beschreiben, was ich gelernt habe:

_____

_____

2. Arbeitsverhalten

So plane und organisiere ich meine Arbeit:

_____

_____

So kann ich mich gut konzentrieren:

_____

_____

So lerne und arbeite ich alleine ohne Hilfe:

_____

_____

So lasse ich mir am liebsten helfen:

_____

_____

So schaffe ich es, alle Aufgaben zu erledigen:

_____

_____

So kann ich meine Zeit am besten einteilen:

_____

_____

3. Sozialverhalten
So arbeite ich gut mit anderen zusammen:

_____

_____

So helfe ich meinen Mitschülern am besten:

_____

_____

So kümmere ich mich um die Probleme meiner Mitschüler:

_____

_____

So verhalte ich mich bei Streitereien und Auseinandersetzungen:

_____

_____

So kann ich viel zur Klassengemeinschaft beitragen:

_____

_____

So möchte ich am liebsten von allen gesehen werden:

_____

_____

Schülerfragebogen

Lern- und Arbeitstechniken	0	1	2	3
		Punkte		
Lerninhalte langfristig behalten				
Lerntechniken systematisch entwickeln				
Selbstständiges Lernen				
Zielstrebiges Arbeiten				
Selbstverantwortliches Arbeiten				
Konzentriertes Arbeiten				
Angemessene Frustrationsschwelle				
Sinnentnehmendes Lesen				
Übersichtliche Gestaltung				
Planerische Intelligenz				
Zielgerichtete Materialrecherche				
Pointierte Zusammenfassungen				
Strukturierte Mappenführung				
Realistische Selbsteinschätzung				
Übungs- und Vorbereitungstechniken				
Rechtzeitige Vorbereitung von Klassenarbeiten und Klausuren				
Sinnvolles, effektives Üben und Wiederholen				
Regelmäßiges Üben und Wiederholen				
Übertragung von Gelerntem auf andere Anwendungszusammenhänge				
Übungsstrategien systematisch entwickeln				
Fachspezifische Methodenkompetenz				
Geeignete Methoden sicher einsetzen und anwenden				
Eigene Vorbereitungszeit richtig einschätzen				
Kommunikationstechniken				
Freie, zusammenhängende, strukturierte Reden				
Interessante, pfiffige, pointierte Darbietungen				
Sichere, aufmerksame Moderation und Präsentation				
Fachlich brisante Erläuterungen				
Aufmerksamer Zuhörer und Beobachter				
Rücksichtsvoller Diskussionsteilnehmer				
Berücksichtigung anderer Meinungen und Positionen				
Sprachliche Sicherheit				
Aufmerksamer Gesprächsteilnehmer				
Gesamtergebnis				

Lernbericht Klasse 7

Name: _____

Zum Thema Selbstständigkeit und Sauberkeit meiner Arbeiten	0	1	2	3	Bemerkungen
		Punkte			
Ich kann meine Arbeit planen und einteilen oder mich selbst organisieren.					
In welchem Zustand ist mein Schulmaterial und wie gut passe ich darauf auf?					
Mein Schulmaterial ist immer komplett, ich habe alles dabei, was ich brauche (Schere, Lineal ...), und vergesse nie meine Bücher, Hefte ...					
Ich benutze regelmäßig und problemlos Lexikon oder andere Nachschlagewerke, ohne dass die Lehrerin mich daran erinnert.					
Ich kann mich ehrlich bewerten und über mich nachdenken.					
Zum Thema Mitwirken und Mitmachen					
Bei Klassengesprächen oder Lehrerfragen habe ich meistens etwas zu berichten, zu antworten oder zu fragen.					
Ich bin aktiv, versuche, Antworten zu finden, Ideen und Lösungen vorzuschlagen.					
Ich nehme Hilfe von anderen an.					
Ich bin leicht abgelenkt.					
Ich interessiere mich für den Unterricht.					
Ich störe den Unterricht.					
Zum Thema Gruppenarbeiten					
Ich nehme aktiv teil, versuche, Lösungen zu finden.					
Ich nehme Hilfe von anderen an.					
Ich störe die Arbeit anderer.					
Ich bin hilfsbereit.					
Ich akzeptiere die Ansichten anderer.					
Bei Schwierigkeiten					
Ich möchte die Schwierigkeiten überwinden.					
Ich nütze die angebotenen Hilfsmittel.					
Ich frage die Lehrerin oder andere Kinder um Hilfe.					
Ich entmutige mich rasch und höre auf zu arbeiten.					
Ich übertrage Gelerntes auf neue Lernsituationen.					
Zum Thema Einzelarbeiten					
Ich befolge Anweisungen.					
Ich gehe planvoll bei Arbeiten vor.					
Ich beende meine Arbeiten zur rechten Zeit.					
Ich frage nach zusätzlichen Erläuterungen.					
Ich erledige Zusatzaufgaben.					
Ich halte mich lange bei Nebensächlichkeiten auf.					

Zum Thema Selbstständigkeit und Sauberkeit meiner Arbeiten	0	1	2	3	Bemerkungen
		Punkte			
Deutsch					
Auditives Verständnis					
Mündliches Beantworten von Fragen					
Ich nehme an Gesprächen teil.					
Ich drücke mich klar und deutlich aus.					
Beim Lesen stelle ich mir Fragen und versuche, richtige Antworten zu finden.					
Ich beantworte Fragen zu einem Text genau und richtig.					
Schriftliches Verständnis von Texten und Geschichten					
Schriftliches Beantworten von Fragen					
Vokabular					
Rechtschreibung					
Grammatik					
Ich verbessere meine Arbeiten regelmäßig und gewissenhaft.					
Unregelmäßige Verben					
Aufsatzlehre					
Mein persönlicher Beitrag					
Fremdsprachen					
Auditives Verständnis					
Mündliches Beantworten von Fragen					
Ich nehme an Gesprächen teil.					
Ich drücke mich klar und deutlich aus.					
Beim Lesen stelle ich mir Fragen und versuche, richtige Antworten zu finden.					
Ich beantworte Fragen zu einem Text genau und richtig.					
Schriftliches Verständnis von Texten und Geschichten					
Schriftliches Beantworten von Fragen					
Vokabular					
Rechtschreibung					
Grammatik					
Verben					
Ich verbessere meine Arbeiten regelmäßig und gewissenhaft.					
Aufsatzlehre					
Rechnen					
Teilbarkeit durch 2, 5, 10, 4, 25, 3 und 9					
Längeneinheiten umwandeln, addieren, subtrahieren, runden					
Umfang berechnen					
Flächeninhalt berechnen					
Kopfrechnen: addieren, subtrahieren, dividieren und multiplizieren					
Schriftliches Rechnen: addieren, subtrahieren, dividieren und multiplizieren					
Rechengeschichten lösen					
Dezimalzahlen: addieren, subtrahieren, dividieren und multiplizieren					
Mein persönlicher Beitrag					

Bewertungsbogen zum kooperativen Lernen

Fähigkeiten – Fertigkeiten – Kompetenzen	Punkte Lehrer	Punkte Schüler	Punkte selbst
Sachbezogenheit			
Arbeitet konzentriert an der Aufgabe			
Nutzt die Zeit sinnvoll und themenbezogen			
Ist in der Lage, Arbeitsanweisungen zu folgen			
Fordert bei Bedarf Hilfe vom Lehrer oder den Mitschülern ein			
Gruppenbezogenheit			
Arbeitet gut mit den anderen Gruppenmitgliedern zusammen			
Bespricht mit den anderen die Arbeitsaufgaben			
Ist bereit, Arbeitsaufgaben zu übernehmen			
Fordert alle zur Mitarbeit auf			
Lässt anderen Zeit nachzudenken			
Lässt die anderen ausreden			
Nimmt Rücksicht auf andere und bietet Hilfe an			
Arbeitet ruhig, ohne andere zu stören			
Lässt sich nicht ablenken			
Selbstbezogenheit			
Beteiligt sich am Aufstellen von Regeln und hält diese ein			
Spricht sachlich und leise zu den anderen			
Fällt nicht durch übertriebene Körperbewegungen auf			
Achtet sorgfältig auf die eigenen Arbeitsmaterialien und die der Mitschüler			
Achtet zu Beginn und am Ende des Unterrichts auf die Bereitstellung und das Wegräumen der Arbeitsmaterialien			

Bewertungsschlüssel

Punkte	Bewertung
162–142	sehr gut
141–122	gut
121–100	befriedigend
99–81	ausreichend
80–51	mangelhaft
50–0	ungenügend

Bewertungsbogen zur Gruppenarbeit

Anwendung des „Notenpoolverfahrens": Jede Gruppe ermittelt zuerst für sich eine Gesamtpunktzahl. Der Lehrer gibt der Gruppe ebenfalls eine Punktzahl. Dies wird verglichen und in Deckungsgleichheit gebracht. Anschließend kann die Gruppe dann diese Gesamtpunktzahl entsprechend auf die Mitglieder verteilen.

Fähigkeiten – Fertigkeiten – Kompetenzen	Gesamt-gruppe	Lehrer
Fachliche Dimension		
Fachlich richtige und korrekte Arbeit		
Deutlich erkennbare Lernfortschritte		
Klare Formulierung von Zielen und Teilzielen		
Strukturiertes Arbeiten, deutlich erkennbarer „Roter Faden"		
Gezielte und kompetente Nutzung von fachspezifischen Hilfsmitteln		
Flexible Vorgehensweise beim Auftreten unerwarteter Probleme		
Kooperative Dimension		
Effektive und wirkungsvolle Kommunikation mit den anderen Gruppenmitgliedern		
Sachliche und kooperative Prüfung neuer Arbeitsaufgaben		
Allgemeine Akzeptanz neuer Aspekte		
Produktive Arbeitsatmosphäre		
Flache und stetig wechselnde Hierarchisierungen bei weitgehend gegenseitiger Hilfestellung		
Minimierung egozentrischer Verhaltensweisen und egoistischer Perspektiven		
Individuelle Dimension		
Bemühen um regelgeleitete transparente Kommunikation		
Eigenständige Kontrolle von (Teil-) Lösungen		
Bewusste Gestaltung eines positiven Gruppenklimas		
Sorgfalt bei der Arbeit und im Umgang mit den Arbeitsmaterialien		
Kompetente Arbeitsorganisation		

Bewertungsbogen für Projektarbeit

Für eine sehr gute Leistung ist es nötig, dass ...	Selbstein-schätzung	Mitschüler	Lehrer
das Thema sehr gut strukturiert wurde.			
eine kreative Vernetzung zur Arbeit der anderen Gruppen stattfand.			
das Team besonders effektiv zusammen gearbeitet hat.			
im Team alle Ideen aller aufgenommen und produktiv diskutiert wurden.			
die Arbeit sehr produktiv war.			
die Informationen sachlich richtig und sehr genau waren.			
die Inhalte präzise sprachlich beschrieben wurden.			
die Arbeit sich auf sehr umfangreiche und informative Quellen stützt.			
die Quellen eigenständig ausgewählt wurden.			
auch außerhalb der Schule recherchiert wurde.			
Für eine gute Leistung ist es nötig, dass ...			
das Thema erkennbar gut strukturiert war.			
die Arbeit der anderen Gruppen zur Kenntnis genommen worden war.			
das Team gut zusammen gearbeitet hat.			
alle Teammitglieder eingebunden waren.			
die Informationen im Wesentlichen richtig und genau waren.			
die sprachliche Darstellung angemessen war.			
die Arbeit sich auf überdurchschnittliche viele Quellen stützt.			
die Quellen im Wesentlichen eigenständig ausgewählt wurden.			
Für eine befriedigende Leistung reicht es, dass ...			
eine grundsätzliche vorhandene Struktur erkennbar ist.			
die Arbeit der anderen Gruppen ansatzweise zur Kenntnis genommen wurde.			
das Team meistens zusammen gearbeitet hat, auch wenn es nicht immer auf die Arbeit konzentriert war.			
die meisten, aber nicht alle Teammitglieder immer aktiv mit eingebunden waren.			
die Informationen häufig, aber nicht immer verkürzt waren.			
die sprachliche Darstellung einige Mängel aufwies.			
die Arbeit sich auf eine noch gerade angemessene Anzahl von Quellen stützt.			
ein kleiner Teil der Quellen eigenständig ausgewählt wurde.			

Für eine ausreichende Leistung reicht es, dass ...	Selbstein-schätzung	Mitschüler	Lehrer
eine Struktur zwar nicht klar zu erkennen, aber zu erahnen ist.			
die Arbeit der anderen Gruppen nur wenig zur Kenntnis genommen wurde.			
das Team zwar wenige, aber einige produktive Phasen gehabt hat.			
es viele unproduktive Streitigkeiten im Team gegeben hat			
die Informationen nur selten präzise bzw. sachlich richtig waren.			
die sprachliche Darstellung ansatzweise angemessen war.			
nur sehr wenige Quellen genutzt wurden.			
die genutzten Quellen (fast) sämtlich von Lehrer vorgegeben waren.			
Eine mangelhafte bis ungenügende Leistung liegt vor, wenn ...			
keine Struktur zu erkennen ist, sondern die Gedanken völlig chaotisch sind.			
das Team abgeschottet von den anderen Gruppen gearbeitet hat.			
es keinerlei Teamarbeit und keine sachlichen Auseinandersetzungen gegeben hat.			
die Informationen unrichtig oder vom Team falsch verstanden worden waren.			
die sprachliche Darstellung nicht angemessen ist.			
keine Quellen genutzt werden.			

Beurteilungsraster für Projekte

Nr.	Bewertungskategorie	erreichte Punkte	mögliche Punkte
	Planungsphase		
1	bringt sich konstruktiv in die Gruppenbildung ein	4	
2	bringt Vorschläge in die Themenfindung ein	4	
3	kooperiert mit ihren/seinen Mitschülern	4	
4	kann das Projekt beschreiben und den Projektverlauf planen	4	
5	bringt Vorschläge für die Material- und Informationsbeschaffung ein	4	
	Summe der ersten Phase: Planung	20	
	Durchführungsphase		
	Handlungskompetenz		
6	ist pünktlich und erledigt Aufgaben zuverlässig	4	
7	arbeitet ordentlich und sauber	4	
8	zeigt Eigeninitiative	3	
9	setzt sich für das Gelingen des Projekts ein	3	
10	sucht nach eigenen Lösungswegen	3	
11	führt Aufgaben selbstständig durch	3	
12	hält sich an festgelegte Regeln	3	
13	kann sich und anderen Informationen beschaffen	4	
14	kann Informationen ordnen und auswerten	4	
15	kann die eigene Meinung darstellen	4	
	Sozialkompetenz		
16	unterstützt die Arbeit anderer	4	
17	arbeitet fair und rücksichtsvoll mit anderen zusammen	4	
18	kann auftretende Konflikte erkennen und angemessen bearbeiten	3	
19	schließt Kompromisse	3	
	Summe der zweiten Phase: Handlungs- und Sozialkompetenz	50	
	Auswertungs-/Präsentationsphase		
20	stellt die Ergebnisse des Projekts adäquat dar (Plakat, Vortrag usw.)	8	
21	kann den Projektverlauf darstellen	8	
22	kann Fragen zum Projekt beantworten	8	
23	reflektiert selbstkritisch die eigene Projektarbeit	3	
24	macht Vorschläge zur Optimierung und Weiterführung des Projekts	3	
	Summe der dritten Phase: Auswertung und Präsentation	30	
	Gesamtbewertung		
	Planungsphase	20	
	Durchführungsphase	50	
	Auswertungs-/Präsentationsphase	30	
	Gesamtsumme	100	

Bewertungsbogen für projektförmige Arbeit

Name: _____   Klasse: _____

Thema: _____

Arbeitsschwerpunkt: _____

Bewertungen:
Arbeitsprozess (20 %)
1. *Arbeitsplan*: differenziert / schlüssig / sorgfältig / strukturiert
2. *Arbeitsprozessbericht*: Verlauf ausführlich / reflektiert / begründet

Präsentation (40 %)
3. *Struktur*: Gliederung in Einleitung mit Einstieg, gegliedertem Hauptteil, Schluss mit Ausstieg
4. *Visualisierungen von Informationen*: durch Folie, Tafelbild, Wandzeitung, Plakate, szenische Darstellungen, Diaprojektor, Beamer, Film, Flipchart, Info-Blätter, Arbeitsblätter, Power Point
5. *Sprachliche Verständlichkeit*: kurze Sätze, anschauliche Sprachbilder, Hervorhebung von Wichtigem, freies Sprechen, Unterstützung von Gestik und Mimik
6. *Inhaltliche Qualität*: Umsetzung des Themas, Verwendung von Fachsprache, eigene Interpretation
7. *Informationsgehalt*: Vielfalt an Fakten, Zusammenhänge erkennbar, Thesen aufgestellt, Maßnahmen beurteilt

Dokumentation (30 %)
8. *Gestaltung*: bewusster Einsatz von Schrift und Farbe, übersichtliche, sinnvolle Gliederung, Lesbarkeit, Einhaltung formaler Vorgaben, fehlerfreie Texte
9. *Fachliche Qualität*: geeignete Schwerpunktbildung, fundiertes Wissen, präzise Fachsprache, begründete Thesen, kritische Reflexion, begründete Stellungnahme
10. *Recherche*: Zitierregeln eingehalten, Literaturliste vollständig, Internetrecherche kenntlich gemacht, Informationen zielgerichtet eingesetzt

Modell oder Symbol (10 %)
11. *konkrete Verdeutlichung wesentlicher Aussagen oder Probleme des Themas*: durch selbst entwickeltes Modell, Experiment, Darstellung oder konkreten Gegenstand

Gesamtergebnis: _____

Projektauswertung der Schüler

Bitte fülle diesen Bogen möglichst ausführlich aus und kreuze an, was zutrifft.
Wenn der Platz nicht reicht, schreibe auf der Rückseite weiter.

Name: _____ Datum: _____

1. Mit der Wahl meines Themas bin ich zufrieden.
Ja ☐   Nein ☐
weil _____

_____

2. Mit dem Ergebnis meiner Arbeit bin ich zufrieden.
Ja ☐   Nein ☐
weil _____

_____

3. Ich habe konzentriert gearbeitet:
immer ☐   die meiste Zeit ☐   etwa die Hälfte der Zeit ☐   kaum ☐

4. Zur Partner- und Gruppenarbeit:
Wir haben die Arbeit gleichmäßig unter uns aufgeteilt.   ☐
Ich habe einen großen Teil der Arbeit allein gemacht.   ☐
Ich habe den anderen die Arbeit überlassen.   ☐
Ich hätte mich mehr in die Partner-/Gruppenarbeit einbringen können.   ☐
Wir haben gut zusammen gearbeitet.   ☐
Die Zusammenarbeit hätte besser sein können.   ☐
Wir konnten Probleme
gut ☐   weniger gut ☐   gar nicht ☐   miteinander lösen.

Folgende Schwierigkeiten sind aufgetreten: _____

_____

Ich möchte noch folgende Vorschläge machen: _____

_____

_____

Bewertungsbogen zum fachübergreifenden Unterricht, Klasse 5

Thema: Symmetrien in der Natur

Name: _____ Datum: _____

Ich habe dir hier angekreuzt, was du bei dem Vorhaben „Symmetrien in der Natur"
gelernt und wie du gearbeitet hast:

☐ Du hast verschiedene Muster und Regelmäßigkeiten aus der Natur kennen gelernt.
☐ Du weißt, nach welchen Regeln diese Muster aufgebaut sind.
☐ Du kannst selbst solche Muster erstellen.

☐ Du kannst durch Falten achsensymmetrische Figuren herstellen.
☐ Du weißt, dass eine Faltgerade Symmetrieachse heißt.
☐ Du zeichnest Symmetrieachsen richtig ein.
☐ Du gibst die Anzahl der Symmetrieachsen richtig an.
☐ Du kannst die Lage der Symmetrieachse beschreiben.
☐ Du kannst mit Hilfe eines Spiegels Spiegelbilder herstellen.
☐ Du zeichnest richtige Spiegelbilder.

☐ Du kennst ebensymmetrische Körper aus deiner Umgebung.
☐ Du kannst die Lage der Symmetrieebenen beschreiben.

☐ Du ergänzt Figuren zu achsensymmetrischen Bildern.
☐ Du weißt, was der Begriff „Achsensymmetrie" bedeutet.
☐ Du spiegelst Figuren mit Hilfe des Geodreiecks an einer Geraden.
☐ Du erzeugst Spiegelbilder durch Auszählen der Kästchen im Quadratgitter.
☐ Du weißt, dass Punkt und gespiegelter Punkt denselben Abstand zur Symmetrieachse haben.

☐ Du kannst Figuren richtig verschieben.
☐ Du bist in der Lage, Verschiebungsvorschriften richtig zu lesen und umzusetzen.
☐ Du kannst Verschiebungsvorschriften durch Verschiebepfeile veranschaulichen.
☐ Du zeichnest Verschiebungspfeile richtig ein.
☐ Du kennst den Begriff „Parallelverschiebung".
☐ Du stellst Musterbänder durch wiederholtes Verschieben her (Bandornamente).

☐ Du kannst Figuren um einen Punkt drehen.
☐ Du erkennst die Symmetrie beim Drehen.
☐ Du kennst die Begriffe „Drehsymmetrie" und „Drehpunkt".

☐ Du zeichnest Spiralen im Dreiecks- und Quadratgitter.
☐ Du erkennst Spiralen in der Natur.
☐ Du gibst die Zahlenfolgen einer Spirale richtig an.
☐ Du kannst mit Hilfe von Zahlenfolgen eigene Spiralen zeichnen.
☐ Du nutzt das Geodreieck als Hilfsmittel zum Zeichnen.
☐ Du fertigst alle Zeichnungen sauber und ordentlich mit Lineal und Bleistift an.
☐ Du drehst Figuren mit Hilfe eines Zirkels oder einer Kreisscheibe.

☐ Du hast optisch ansprechende Faltfiguren hergestellt.
☐ Du hast die „Bilder" sauber mit der Schere ausgeschnitten.
☐ Deine „Symmetrieachsen" verlaufen immer gerade.
☐ Die Spiegelbilder sind identisch mit den Ursprungsbildern.

☐ Du hast dich sehr bemüht, möglichst viele Angebote zu bearbeiten.
☐ Du hast die erforderlichen Angebote bearbeitet.
☐ Du hast viele eigene Beispiele aus deiner Umgebung benannt.
☐ Du hast in den Vorhabenstunden konzentriert gearbeitet.
☐ Du konntest gut mit anderen zusammenarbeiten.
☐ Du benötigst wenig Hilfestellungen.
☐ Du arbeitest sehr selbstständig.
☐ Du musstest zum Arbeiten ermahnt werden.

☐ Deine Vorhabenmappe ist vollständig und ordentlich.
☐ In deiner Vorhabenmappe fehlen die Angebote.
☐ Du hast deine Vorhabenmappe nicht rechtzeitig abgegeben.

Ich habe hier angekreuzt, welche Angebote du ausgewählt und bearbeitet hast:

Angebote zum Thema „Symmetrien in der Natur"

01. Achsensymmetrische Tiere
02. Spiegelkarten
03. Spuren
04. Quartett – Symmetrien und Muster
05. Spiralen
06. Schneckenhäuser, Tannenzapfen und andere Spiralen
07. Fangt den Wind
08. Musterbänder
09. Buchstaben und Zahlen
10. Spiegelbilder
11. Palindrome
12. Spiralen und Drehungen
13. Spiegeln mit dem Spiegelbuch
14. Übertragen von Zeichnungen
15. Spiegeln von Zeichnungen
16. Übertragen nichtgeradliniger Zeichnungen
17. Spiegeln nichtgeradliniger Zeichnungen
18. Vergrößern von Zeichnungen
19. Drehen von Zeichnungen
20. Kopfpuzzle

Lehrerzeugnis für _____

Schule: _____

Schuljahr: _____

Arbeitsverhalten

_____

_____

Sozialverhalten

_____

_____

Methodische Kompetenz

_____

_____

Planung und Durchführung des Unterrichts

_____

_____

Aufgabenstellung bei Klausuren

_____

_____

Korrektur von Klausuren

_____

_____

Klassenleitung

_____

_____

Persönliches (wie z. B. Kleidung, Marotten,
Bevorzugung/Benachteiligung einzelner SchülerInnen etc.)

_____

_____

Was mir sonst noch einfällt:

_____

_____

_____

_____

Beurteilungsbogen für Lehrerverhalten

Pünktlichkeit:	
Kommt und schließt meist pünktlich	
Kommt oft zu spät	
Überzieht oft oder schließt zu früh	
Ordnungsrahmen:	
Lässt alles durchgehen	
Lässt nichts durchgehen	
Kann Dinge durchgehen lassen, notfalls aber auch energisch werden	
Arbeitsklima:	
Sorgt nicht für Ruhe	
Kann Unruhe auch mal übersehen	
Fragt nach Ursachen	
Schafft entspanntes Klima	
Übt viel Druck aus	
Anforderungen und Benotung:	
Verlangt zu viel	
Verlangt zu wenig	
Genau richtig	
Benotet zu streng	
Benotet zu lasch	
Genau richtig	
Lehrstoff:	
Erklärt gut verständlich	
Kann nicht erklären	
Langweilige Präsentation	
Interessante Präsentation	
Geht zu schnell vor	
Geht zu langsam vor	
Genau richtig	
Medien:	
Setzt zu wenig Medien ein	
Setzt zu häufig Medien ein	
Setzt zu häufig Medien ohne Lerngewinn ein	
Hausaufgaben:	
Gibt zu viel auf	
Gibt zu wenig auf	
Genau richtig	
Gibt zu leichte Hausaufgaben auf	
Gibt zu schwere Hausaufgaben auf	
Genau richtig	
Die Hausaufgaben werden genau geprüft und für den weiteren Unterricht genutzt	
Fleiß:	
Bereitet sich gut vor	
Ist häufig unvorbereitet	
Gibt Arbeiten zügig zurück	
Braucht ewig zum Korrigieren	

Zuwendung:	
Ist immer freundlich	
Ist oft unfreundlich	
Rastet oft aus	
Ist eher zurückhaltend und höflich	
Ist groß im Ausdruck	
Gerechtigkeit:	
Hat Lieblinge, die bevorzugt werden	
Ist zu allen gleich gerecht	
Hat „Zielscheiben"	
Behandelt alle mit gleichem Respekt	
Verständnis:	
Setzt sich offen mit Schülerproblemen auseinander	
Hört sich Probleme an	
Setzt sich meistens über Probleme der Schüler hinweg	
Produziert selber Probleme bei den Schülern	
Mitbestimmungschancen:	
Handelt öfter nach Schülerwünschen	
Setzt den eigenen Willen durch	
Hilfsbereitschaft:	
Ist immer bereit, Schülern zu helfen	
Reagiert je nach Laune	
Lässt Schüler meistens hängen	
Humor:	
Ist meistens humorvoll	
Lacht auch über sich selber	
Lacht über die Schüler	
Toleranz:	
Akzeptiert abweichende Schülerstandpunkte	
Lässt nur den eigenen Standpunkt gelten	

Bewertungsmatrix für Kollegen
(nicht ganz ernst zu nehmen)

Merkmal \ Prädikat	entspricht den Anforderungen in besonderem Maße	entspricht voll den Anforderungen	entspricht im Allgemeinen den Anforderungen	entspricht im Ganzen noch den Anforderungen	entspricht nicht den Anforderungen
Arbeitsleistung	reißt Bäume aus	reißt ein Bein aus	reißt sich zusammen	reißt keinen vom Hocker	reißt vor der Arbeit aus
Belastbarkeit	erledigt alles gleichzeitig	erledigt den Widersacher	erledigt seine Arbeit sofort	erledigt selten etwas	erledigt ist er schnell
Kommunikationsfähigkeit	spricht mit Gott und Ebenbürtigen	spricht mit sich selbst und Vorgesetzten	spricht viel	spricht gern über andere	spricht guten Getränken zu
geistige Fähigkeiten	löst jedes Problem sofort	löst Probleme mit einigem Nachdenken	löst meist die eigenen Probleme	löst gern Kreuzworträtsel	löst Probleme aus
Wissen	weiß alles am besten	weiß über alles Bescheid	weiß, was er falsch gemacht hat	weiß, wann Feierabend ist	weiß, wo gerade gefeiert wird
Verhalten gegenüber Vorgesetzten	Vorgesetzte macht er überflüssig	Vorgesetzten öffnet er die Tür	Vorgesetzte grüßt er fröhlich	Vorgesetzte fragt er nach der Uhrzeit	Vorgesetzten nimmt er den reservierten Parkplatz
Verhalten gegenüber Kollegen	Kollegen hat er nicht	Kollegen lässt er gern ins Messer laufen	Kollegen grüßt er korrekt mit „Mahlzeit"	Kollegen mag er weniger als Kolleginnen	Kollegen hält er von der Arbeit ab

Verzeichnis aller Kopiervorlagen

Literaturverzeichnis

- AEBLI, HANS: Grundlagen des Lehrens. 4. Auflage, Stuttgart 1997
- ALBRECHT, DIETRICH: Die Rahmenbedingungen für Klassenarbeiten verändern. In: Behörde für Schule, Jugend und Berufsbildung (Hrsg.): Hamburg macht Schule 3/89, Hamburg 1989
- BAMBACH, HEIDE/BARTNITZKY, HORST/VON ILSEMANN, CORNELIA/OTTO, GUNTER (Hrsg.): Prüfen und Beurteilen. Friedrich Jahresheft XVI Seelze 1996
- BASTIAN, JOHANNES/GUDJONS, HERBERT (Hrsg.): Das Projektbuch II. 2. Auflage, Hamburg 1993
- BASTIAN, JOHANNES/COMBE, ARNO/LANGER, ROMAN: Feedback-Methoden. Weinheim 2003
- BECKER, HELLMUT/VON HENTIG, HARTMUT: Zensuren. Frankfurt a.M. 1983
- BECKER, HELLMUT/VON DER GROEBEN, ANNEMARIE/LENZEN, KLAUS-DIETER/WINTER, FELIX (Hrsg.): Leistung sehen, födern, werten. Bad Heilbrunn 2002
- BEHNKEN, IMKE/FÖLLING-ALBERS, MARIA/TILLMANN, KLAUS-JÜRGEN/ WISCHER, BEATE: Leistung. Friedrich Jahresheft XVII Seelze 2001
- BENDLER, A.: Leistungsbeurteilung in offenen Unterrichtsformen. in: Zeitschrift Pädagogik 3/95
- BEUTEL, SILVIA-IRIS/VOLLSTÄDT, WITTLOF (Hrsg.): Leistung ermitteln und bewerten. Hamburg 2000
- BÖNSCH, MANFRED: Didaktisches Minimum: Prüfungsanforderungen für LehramtsstudentInnen. Berlin 1996
- BOHL, THORSTEN: Prüfen und Bewerten im Offenen Unterricht. Neuwied 2001
- BOVET, GISLINDE/HUWENDIEK, VOLKER: Leitfaden Schulpraxis. Pädagogik und Psychologie für den Lehrberuf. 2. Auflage Berlin 1998
- BRACKHAHN, BERNHARD/BROCKMEYER, RAINER/BUSCHMANN, RENATE/MIKA, CHRISTIANE: Lernen – leisten – bewerten & Anschlüsse – Übergänge. Qualitätsverbesserung in Schulen und Schulsystemen QuiSS Band 4. München 2004
- BRENNER, GERD: Die Fundgrube für den Deutsch-Unterricht. Berlin 1995
- DAIMLER CHRYSLER AG BILDUNGSPOLITIK KONZERN (Hrsg.): Ausbildung im Dialog – Das ganzheitliche Beurteilungsverfahren für die betriebliche Berufsausbildung. Christiani 1999. Dazu: CD
- FISCHER, ARTHUR/FRITZSCHE, YVONNE/FUCHS-HEINRITZ, WERNER/MÜNCHMEIER, RICHARD: Jugend 2000. 13. Shell Jugendstudie. Opladen 2000

- GROEBEN, NORBERT/WAHL, DIETHELM/SCHLEE, JÖRG/SCHEELE, BRIGITTE: Forschungsprogramm Subjektive Theorien. Tübingen 1988
- GRÜNIG, BARBARA/KAISER, GABRIELE/KREITZ, ROBERT/RAUSCHENBERGER, HANS/RINNINSLAND, KONRAD: Leistung und Kontrolle. Die Entwicklung von Zensurengebung und Leistungsmessung in der Schule. Weinheim und München 1999
- GRUNDER, HANS-ULRICH/BOHL, THORSTEN (Hrsg.): Neue Formen der Leistungsbeurteilung in den Sekundarstufen I und II. Hohengehren 2001
- HÄNSEL, DAGMAR (Hrsg.): Handbuch Projektunterricht. Weinheim und Basel 1997
- HEIDOWITZSCH, P./KATZMAREK, MARLIES/PADBERG, GERLIND: Erfahrungen zur Leistungsermittlung und Leistungsbewertung im gemeinsamen Unterricht der Sekundarstufe. Heft 8, Materialien innerhalb des Projektes „Gemeinsamer Unterricht in der Sekundarstufe I" am pädagogischen Landesinstitut Brandenburg. Ludwigsfelde 2003
- HELLER, KURT A. (Hrsg.): Leistungsdiagnostik in der Schule. Bern 1984
- HELMKE, ANDREAS/WEINERT, FRANZ: Bedingungsfaktoren schulischer Leistungen. In: Enzyklopädie der Psychologie. Psychologie des Unterrichts und der Schule. Göttingen 1997
- HELMKE, ANDREAS: Unterrichtsqualität: Erfassen, Bewerten, Verbessern. Velber 2003
- HENZE, GODEHARD/NAUCK, JOACHIM: Testen und Beurteilen. Bad Heilbrunn 1989
- HORSTER, LEONHARD/ROLFF, HANS-GÜNTER: Unterrichtsentwicklung. Grundlagen, Praxis, Steuerungsprozesse. Weinheim 2001
- INGENKAMP, KARLHEINZ: Die Fragwürdigkeit der Zensurengebung. 9. Auflage, Weinheim 1995
- JÜRGENS, EIKO: Leistung und Beurteilung in der Schule. Eine Einführung in Leistungs- und Bewertungsfragen aus pädagogischer Sicht. 5. Auflage, Sankt Augustin 2000
- KEUCHEN, ROBERT: Mit Schülerinnen und Schülern Noten finden. In: BRENNER, GERD (Hrsg.): Die Fundgrube für den Deutsch-Unterricht. Berlin 1995
- KIEPER, HANNA u. a.: Qualitätsentwicklung in Unterricht und Schule, Oldenburg 2004
- KRIEGER, CLAUS GEORG: Wege zu Offenen Arbeitsformen. Konzepte zur Selbststeuerung des Lernens – Leistungsbeurteilung. Hohengehren 2005

- LIEBAU, ECKART u. a. (Hrsg.): Das Gymnasium. Alltag, Reform, Geschichte, Theorie. Weinheim und München 1997
- LÜDERS, MANFRED: Dispositionsspielräume im Bereich der Schülerbeurteilung. Zeitschrift für Pädagogik 47, 2001
- LÜTGERT, WILL/TILLMANN, KLAUS-JÜRGEN/BEUTEL, SILVIA-IRIS/JACHMANN, MICHAEL/VOLLSTÄDT, WITTLOF: Leistungsbeurteilung und Leistungsrückmeldung an Hamburger Schulen. Hamburg 2000
- METZIG, WERNER/SCHUSTER, MARTIN: Prüfungsangst und Lampenfieber. Bewertungssituationen vorbereiten und meistern. Berlin Heidelberg 1998
- POTTHOFF, ULRIKE.: Beobachtung und Beurteilung von Schüler/innen im offenen Unterricht. Freiburg 1990
- RAUSCHENBERGER, HANS: Umgang mit Schulzensuren. In: GRÜNIG, B. u. a. (Hrsg.): Leistung und Kontrolle. Weinheim 1999
- SACHER, WERNER: Leistungen entwickeln, überprüfen und beurteilen. 3. Auflage Bad Heilbrunn 2001
- SCHRADER, FRIEDRICH-WILHELM/HELMKE, ANDREAS: Alltägliche Leistungsbeurteilung durch Lehrer. In: WEINERT, FRANZ (Hrsg.): Leistungsmessungen in Schulen. Weinheim 2001
- SCHRATZ, MICHAEL: Unterrichtsforschung als Beitrag zur Schulentwicklung. Vorabdruck eines Aufsatzes für: ROLFF, HANS GÜNTHER u. a. (Hrsg.): Zukunftsfelder von Schulforschung. Weinheim 1995
- TENORTH, HEINZ-ELMAR (Hrsg.): Kerncurriculum Oberstufe. Mathematik – Deutsch – Englisch. Expertisen im Auftrag der KMK. Weinheim und Basel 2001
- TWAIN, MARK: Tom Sawyer und Huckelberry Finn, Reutlingen 1951, S.18–26
- VALTIN, RENATE: Was ist ein gutes Zeugnis? Weinheim 2002
- VIERLINGER, RUPPERT: Leistung spricht für sich selbst. Direkte Leistungsvorlage statt Ziffernzensuren und Notenfetischismus. Heinsberg 1999
- WEISS, RUDOLF: Aufgaben der Zensuren und Zeugnisse. In: INGENKAMP, KARLHEINZ (Hrsg.): Die Fragwürdigkeit der Zensurengebung. Weinheim 1971
- WINTER, FELIX: Leistungsbewertung. Grundlagen der Schulpädagogik Band 49. Hohengehren 2004

Register